高校教育管理与教学创新研究

王小露　著

延吉·延边大学出版社

图书在版编目（CIP）数据

高校教育管理与教学创新研究 / 王小露著. -- 延吉:
延边大学出版社, 2023.1
ISBN 978-7-230-04454-7

Ⅰ. ①高… Ⅱ. ①王… Ⅲ. ①高等学校－教育管理－
研究 Ⅳ. ①G640

中国国家版本馆 CIP 数据核字(2023)第 008475 号

高校教育管理与教学创新研究

著　　者：王小露

责任编辑：张艳春

封面设计：文合文化

出版发行：延边大学出版社

地　　址：吉林省延吉市公园路977号　　　　邮　编：133002

网　　址：http://www.ydcbs.com　　　　E-mail：ydcbs@ydcbs.com

电　　话：0433-2732435　　　　传　真：0433-2732434

印　　刷：延边延大兴业数码印务有限责任公司

开　　本：787毫米×1092毫米　　1/16

印　　张：12.5

字　　数：200千字

版　　次：2023年1月第1版

印　　次：2023年6月第1次印刷

书　　号：ISBN 978-7-230-04454-7

定　　价：42.00 元

前　言

进入 21 世纪的今天，随着世界经济一体化、全球化趋势的增强，科技革命的迅猛发展，以及我国社会主义市场经济体制的不断完善，再加上高校内部体制的改革，这些情况都促使教育管理工作面临前所未有的挑战。高等教育，尤其是高等职业教育肩负着培养生产、建设、服务和管理第一线高素质技能型专门人才的重要使命，在对经济发展的贡献能力方面具有独特的作用。

全书共五个章节，第一章简述了高校教育管理基本内容，包括高校教育管理的内涵与价值、高校教育管理的过程、高校教育管理的规则与原则和高校教育管理的发展四个方面。第二章介绍了高校教育管理创新，包括坚持创新理念、把握职能定位、构建权力结构、健全机构设置、保障运行机制等具体措施。第三章简述了高校教育教学的基本内容，包括高校教育教学本质及特征、观念及发展变化、高校教育教学方法及其创新原则等内容。第四章介绍了高校教育教学创新，具体内容包括方法创新、方法评价创新、思路创新和发展创新。第五章介绍了高等教育教学的管理创新，包括高校文化管理创新、学生管理创新和考试管理创新。本书旨在深入研究高校教育管理和教学的创新，以促进高校教育教学管理工作健康、持续、良性发展。

本书由刘杰、严先朋、韩珍、吕晓霞、于芬、刘磊、王婷立、李燕负责审校工作。本书在写作时参考了大量的文献。所参考的文献，有些在书中有所标明；有些未能明示，在此深表歉意。在此谨向各位先驱以及同行，由衷地表示感谢。

目　录

第一章　高校教育管理概述

第一节　高校教育管理的内涵与价值

一、高校教育管理的内涵

研究高校教育管理，首先就要明确其内涵。而要全面、深入地把握高校教育管理的内涵，就要弄清高校教育管理的含义，了解高校教育管理的特点。

（一）高校教育管理的含义

管理涉及生活中的各方面，人们一般对管理有不同需求和不同角度的解读，若简单从字面意义上来说，管理有管辖和处理的意思，若具体展开，管理的定义多种多样。比如教育学界就对教育管理下了多种定义，这些定义在某种程度上也反映了管理活动的特性，其中最普遍的一个角度，是从教育管理职能和过程的角度来看，教育管理有计划、组织、指挥、协调和控制这几部分职能，其中根据重点的不同，对管理有着不同的理解：①从教育管理的协调作用来看，在组织中对人和物资的协调是为了完成组织目标，这一概念活动即为教育管理；②从人际关系和人的行为来看，教育管理就是为了调动成员积极性，协调成员人际关系，进而达到组织目标的一种组织活动；③从教育管理中决策的重要地位来看，决策即为教育管理；④从系统论的角度来看，教育管理是一种固有的客观规律，人们可以通过影响系统，从而达到系统更新的效果，这样一个活动的过程就是教育管理。

综上所述，可以对教育管理下一个相对准确的定义，即教育管理是一种社会活动过程，是在一定的社会组织中，人们为了达到预定的组织目标利用人力、物力、财力、时间等资源，对组织进行计划、控制和决策的社会活动过程。

高等学校管理和人才培养的重点之一就是高校教育。高校教育由于其特定的地位，在管理中不仅具有一般管理的本质，还有其特殊的本质。以下几点就反映了上述说法。

第一，高校教育管理是在高等学校这一特定的社会组织中进行的。社会组织是管理活动的必要组成部分。对高校管理而言，高等学校就是高校管理的必要组成条件，是专门为社会培养与输入人才的重要社会组织，高校管理的首要任务就是进行大学生的系统性教育与培养，在此基础上可以说，高校管理是为实现人才培养组织目标的一种特定管理活动。

第二，高校教育管理的目的是实现高等学校的人才培养目标，促进大学生的全面发展。与任何管理都是在社会组织中进行的一样，任何管理都需要有预定的组织目标，目标与管理是相辅相成的。高等学校为社会进行的人才培养是高校教育管理中的一项重要内容，高校教育管理要以实现高等学校的人才培养目标、促进大学生发展为首要且基本的任务，这样才能够为社会输送德智体美劳全面发展的、创新和实践精神较强的社会建设人才。

第三，高校教育管理的实质是要有效地利用学校的各种资源，为大学生的成长成才提供指导和服务。大学生能够顺利完成学业，并且在高校学习过程中能够得到高等学校提供的各方面指导与服务，是高校教育管理的最主要的目标与任务，如提供资助服务给家庭经济困难的学生，给毕业生提供必要的就业指导服务，对大学生在校期间的行为进行正确的引导等。因此，在此期间更需要高等学校有效地利用学校的人力、财力、物力等各种资源，进行科学的策划与组织，以期为大学生提供更多的成长空间与服务指导。

（二）高校教育管理的特点

高校教育管理在管理中具有特定的地位,其对大学生人才培养的引导与服务有着鲜明的特点。

1.突出的教育功能

高等学校人才培养工作离不开高校教育管理,因此高校教育管理既具有管理的属性,又具有教育的属性,有着突出的教育功能。

（1）高校教育管理的目标服从和服务于大学生教育的目标

高校的教育管理是为了实现预定的教育目标。大学生踏入大学校门的目的就是接受教育,高校如何通过高校教育管理来实现大学育人目标,是高校管理者必须思考的问题,高校教育管理必须要以大学生圆满完成预定学习目标为服务基础,制定出可以促进大学生德智体美劳全面发展的管理措施,完成不断为社会输送人才的目标。高校教育管理与大学生教育目标的关系是,高校教育管理是手段,大学生教育目标是手段实施的依据。具体而言,有以下两个方面。

第一,大学生教育目标的实现离不开高校管理目标的实现。有效且高效的教育管理,才能为大学生学习提供各种便利和服务,才能积极调动大学生的主观能动性,保证教学活动正常进行和学生的全面成长。

第二,高校教育管理的目标要以大学生教育的目标为实施依据。因为大学生教育目标的实施和贯彻,也就是高校管理目标在高校管理活动中的反映和体现,高校教育管理目标包括大学生教育目标,是高校教育管理目标之一。高校教育管理目标和大学生教育目标的统一,保证了高校教育管理的正确方向。

（2）教育方法在高校管理方法体系中具有突出的作用

高校教育管理活动应该要以现代管理活动中最常见的教育方法为基础手段,提高高校教育管理的实施成效。而高校教育管理是在组织活动中实现的,组织活动离不开人的参与,而人是有思想的动物,其思想意识支配且影响着人的种种活动,所以一切管理互动都是以人为基础运行的，只有做好人的思想工作，以思想领先为原则影响他人，才可以引导和制约人们的各种活动。放到高校教育管理活动中来，就是通过对学生进行不断的思想道德教育来促使高校教育管理中的法律方法、行政方法和经济方法卓有成效地实施。

（3）高校教育管理过程同时也是教育大学生的过程

高校教育管理是对大学生进行指导和管理，蕴含着丰富的教育因素，高校教育管理的过程会直接影响大学生德智体美劳的发展，因此作为向社会培养和输出人才的高等学校，其管理工作的实施，一定要对学生产生积极的影响。要以以人为本、民主法治、公正和谐的理念为基础，倡导从实际出发、遵循教育规律和管理规律、实事求是的科学精神，运用民主管理、依法管理、科学管理的手段，潜移默化地教育学生。只有这样，高校教育管理制定的各项规章制度才能对大学生起到引导思想和规范行为的作用，值得注意的是，高校教育管理者在管理过程中的情感、态度和言行对大学生也有着不可估量的影响，因此高校教育管理者在管理过程中也应注意自己的一言一行，努力成为正面积极的表率与模范。

2.鲜明的价值导向

高等学校是为社会培养和输送人才的基地，所以高校教育管理至关重要。社会经济基础、政治制度和意识形态对高校教育管理的目的、管理体制和管理形式是具有制约作用的，因此要注意高校教育管理对大学生价值观形成、变化和发展的巨大影响。在我国人民民主专政的社会主义国家的国情下，作为向全社会输送人才的高等学校，高校教育管理对人才的价值导向影响力巨大，如何为社会主义建设事业培养坚持社会主义价值导向的专业人才，是我国高校教育管理的一项重要课题。以下三个方面就是对上述内容的展开阐述。

（1）高校教育管理的价值导向集中体现在管理目标中

人类实践活动的基本特征是目的性。人的实践活动总是体现一定的价值观念，在实践对象的属性和一定需求及其变化趋势的基础之上作出认知判断，是人实践活动目的的基本内容和活动特性，高校教育管理的目的和人实践活动的目的相同。实际上，大学生价值观的形成和发展离不开高校教育管理的引导和促进，高校教育管理的每个举措都影响着大学生的一言一行，从整个高校教育管理系统来看，价值观的确定和设计，是高校教育管理目的实行与运作的根基，所以我国高校教育管理的实行，要遵从我国社会主义核心价值体系的要求，积极地贯彻社会主义核心价值观，满足中国特色社会主义的共同理想对人才培养的要求。以高校教育管理的重要目标为例，就是要建设并维护学生良好的教育教学和生活秩序。其中"有序"的价值观就在这一目标的执行下，得到了良好的实行与发展，很好地推动与培养了大学生"有序"价值观的形成。同时，对大学生人才的培养是大学生教育以及高校教育管理的首要问题，如何培养、培养目的、培养效果等内容都蕴含着一定的价值观念和价值追求，包含这些内容的高校教育管理就是大学生教育的重点环节。

（2）高校教育管理的价值导向突出体现在管理理念中

作为高校教育管理指导思想的高校教育管理理念，对高校教育管理的原则和方法有着直接的制约作用，是对社会先进价值观的具体贯彻和对社会价值体系的鲜明体现。例如，中国共产党坚持的"以人为本"的价值观，体现到高校教育管理中就是全面贯彻"关心人、尊重人、依靠人、发展人、为了人"的以人为本的理念，潜移默化地、积极地作用于大学生价值观的形成和发展。

（3）高校教育管理的价值导向具体体现在管理制度中

高校教育管理若想要实现规范化、制度化和法治化，其基本保证和主要标志就是制定科学又严谨的规章制度，这是高校教育管理能够顺利实施的基本手段。管理规章制度的制定离不开价值观念的指导和影响，其具有鲜明的价值导向，对大学生的价值观形成有巨大影响。例如，可以对大学生的行为进行一系列的要求，制度中可写明具体的行为规范：对大学生什么样的行为进行勉励和倡导，对大学生什么样的行为必须强烈反对和禁止；对大学生什么样的表现作出奖励和表扬，对大学生什么样的表现作出谴责和惩罚等。

3.复杂的系统工程

高校教育管理是一项十分系统的工程,高校教育管理与其他管理活动的相同点体现在其整体性、层次性、动态性和开放性上,而不同点在于,高校教育管理活动具有其复杂性。

（1）高校教育管理的任务是复杂的

大学生的专业学习和日常生活属于高校教育管理的内容,高校教育管理对大学生各方面各环节的培养和管理是任重而道远的,有其特有的复杂性。高校教育管理在实施的过程中,不仅要注意高校学生中心任务的顺利实行,即对学生学习行为和实践活动的管理和引导,还要注意从高校学生健康成长的角度出发,对诸如学生间交际行为、消费行为、网络行为等高校学生的日常行为进行管理和引导,通过以上工作对学生的异常行为进行早发现、早校正和早处理,以保证大学生的健康成长。具体而言,一般可分为以下四个方面。

第一,对大学生现实群体与虚拟群体的管理与引导。随着现代科技的不断发展,社交应用媒体的更新频繁,大学生个性的不同会导致其活跃在不同的网络社群,所以从实际出发,不仅要对大学生现实群体如学生班级、学生党团组织及学生社区和生活园区的管理和指导,还要对大学生依据网络平台形成的虚拟群体进行持续的关注与管理。

第二,对大学生校内外的安全都要进行关注与管理。大学生的学习生活不仅在校内进行,校外也是其活动的重要组成区域,因此在高校教育管理工作中,不仅要对学生校园内的生活进行合理的引导和管理,还要对其校园外的生活进行持续的关注和督促。

第三,开展高校教育管理工作的过程中,要全面地考虑学生的具体情况。不仅要关注可以调动全体学生学习积极性的奖学金评定工作,还要关注家庭困难学生的资助工作,双管齐下,才能保证高校学生学业的顺利完成以及学生心理的健康发展。

第四,针对新生与毕业生的不同情况,高校要运用学校的资源提供不同的指导和服务。针对新生,高校教育管理要及时帮助新生明确未来要实现的具体目标,制定合理且科学的职业生涯规划,推动学生对高校生活的合理安排,为其未来发展打下良好的基础。

针对毕业生，要及时地为其提供就业与创业方面的信息，进行积极的服务与指导，促使学生能够快速地从学生身份向社会工作者的身份转变，最大化地实现自身价值。

（2）高校学生是具有明显差异和鲜明个性的

随着现代社会科技的进步，网络时代背景下，高校学生是处于一个信息爆炸的现状中的，信息的海量和易得以及自我意识的觉醒和增强，使持续受信息浸染的学生拥有了不同的精神世界和思想感情，每个人都有其特性。具体到班级单位，学生们的年级和专业都是相同的，但班级内的每个学生都有着鲜明的个人特质，如气质、性格、兴趣和习惯等。另外，一方面，高校学生来自全国各地，不同的生活经历和生活条件会使他们的思想行为方面有比较明显的差异；另一方面，大学生崇尚个性的特质会使他们对自身个性的发展和完善有着较强的追求，这也导致了大学生个体之间存在明显差异。学生是高校教育管理的对象，高校学生个体间是有显著差异的，高校教育管理对学生这种个人特质的遵循是有效开展高校教育管理工作的前提，在这个前提下，高校教育管理对学生实行因人制宜与因势利导的针对性工作，就具有了其特定的复杂性。

（3）影响高校学生成长的因素是复杂的

高校教育管理的目的是为社会培养和输送人才，而高校人才如何能够健康成长，是高校教育管理的重中之重。在现实生活中，影响大学生学习生活的因素多种多样，不仅有学校内部的教育生活因素，外部环境因素的影响也不容忽略。由于外部环境的构成因素非常复杂，因此高校教育管理的应对也相对复杂。

环境因素往往会通过学生的学习、生活活动、人际交往等方面，对学生的成长产生不可忽视的影响和作用。其中涉及了多种多样的环境因素：①历史和现实的因素；②自然和社会的因素；③物质和精神的因素；④政治、经济与文化的因素；⑤国际和国内的因素；⑥家庭和学校周边社区的因素。尤其是在现代科技与信息飞速发展的大背景下，全球一体化趋势越来越明显，世界各国联系紧密，学生对世界各地信息的获取变得越来越容易，这些信息对学生思想和精神的影响也愈发深远。在以上各种环境因素的综合下，学生受到的影响是复杂而广泛的。

以外部环境为例。一方面，外部环境影响的性质是具有多重性的，分为积极影响和消极影响，二者互相交织，相辅相成。高校学生个体间的差异会导致同样的环境因素在不同个体上有不同性质的影响。以富裕的家庭经济条件为例，富裕的家庭经济条件可以是大学生顺利完成学业的有利条件，也可以是大学生铺张浪费、不思进取、荒废学业等行为的催化剂。另一方面，外部环境影响的方式是具有多样性的，可以分为直接影响和间接影响、显性影响和隐性影响；可以作用于大学生的思想情感，也可以作用于大学生的行为。因此，在学生的学习和生活中，高校教育管理不仅要对学生进行科学且合理的指导，还要针对外部环境对大学生的影响进行有效的调节和控制，从而运用积极影响抵消消极影响，促进大学生全面健康的发展。

综上，影响学生成长因素的复杂性不言而喻。

二、高校教育管理的价值

高等学校是为社会输出高等人才的基地，因此如何促进学生健康发展是高校教育管理的重点，而高校教育管理工作的良好开展，对推动社会的进步，促进高等学校的可持续发展和提高大学生个体的素质都具有重大意义。

（一）高校教育管理价值概述

价值属于经济学范畴用词，商品生产的出现导致了价值概念的产生，凝结在商品中无差别的人类劳动就是经济学中价值的概念。随着社会的发展与科技的进步，价值的范畴进一步扩展，在社会政治、法律、道德、科技、教育和管理等各个领域中都得到了广泛而充分的应用与发展，逐渐成为人们评价一切事物的一般标准。由此可见，价值又在哲学意义上作了引申。客体对于主体的作用和意义是价值在哲学意义上的定义，是对客体的属性和功能与主体的需要之间的特殊关系的体现，即客体属性和功能对主体需要的满足关系。

在这里，价值又在一个关系范畴之中，主客体的存在是其存在的必要条件，具体可分为两方面来说：①主体的需要在价值的衡量上具有重大意义，是衡量价值的标尺，判断事物或对象是否具有价值，也需要看该事物或对象是否可以满足主体的需要，由此可见，价值离不开主体；②客体的属性和功能是价值的载体和实质，也就是客体的属性和功能对主体需要的满足，由此可见，价值同样离不开客体。

作为为社会输出人才的高等学校，高校教育管理的意义重大，它本身的属性和功能既满足了大学生成才的需求，又满足了社会进步的需求，同时反映到高等学校自身发展上，也满足了高等学校自身发展的需求，由此可见，高校教育管理亦具有较高的价值。关系范畴的价值主客体缺一不可，具体到高校教育管理的价值，其主体就是社会、高等学校和大学生，客体就是高校教育管理本身。以下分别作具体阐述。

第一，作为客体的高校教育管理本身。高校是为社会输送各种各样人才的基地，高校教育管理对人才的形成、培养和成长都具有极大的推动作用，而对高等学校来说，高校教育管理的好坏，也直接影响着高等学校的发展，高校教育管理做得优秀，为社会输送的优秀人才增多，高等学校的知名度的加大，对高等学校的未来发展可以说是一个正向的反哺，所以高校教育管理的价值是建立在高校教育管理本身的属性和功能上的。

第二，作为主体的社会、高等学校和大学生。高校教育管理的最终目的是为社会输送合格的人才，高等学校是高校教育管理的实施者，大学生是高校教育管理的管理对象，社会是检验高校教育管理成果的验金石。

综上，高校教育管理的价值就体现在其属性和功能对社会、高校和大学生需要的满足上。另外高校教育管理价值还有几个明显的特点。

1.直接性与间接性

作为高校教育管理价值的主体，即社会、高等学校和大学生，这些不同的主体受高校教育管理的作用方式不同，有直接作用和间接作用之分，即高校教育管理价值有直接性和间接性两个特点：①高校教育管理价值的直接性，是指没有中介环节，高校教育管理能够直接满足价值主体的需要。通常而言，高校教育管理能够直接地产生作用与影响的价值主体是高校学生，即高校教育管理的实施是直接作用于学生个体的。②高校教育管理价值的间接性，是指需要通过中介环节，高校教育管理才能满足价值主体的需要。通常而言，高校教育管理通过对大学生的影响，才能间接影响到社会的发展。

2.即时性与积累性

高校教育管理价值的实现是需要一个过程的，满足价值主体需要的过程时间长短不一，所以高校教育管理价值可以说同时具有即时性和积累性两个特征。短时间内，价值主体能够从高校教育管理处得到很好的满足，即高校教育管理价值具有即时性。例如，针对家庭经济困难的学生，及时办理相应的助学贷款，从而能够让他们安心地在大学进行学习与生活。若想达到高校教育管理价值的工作目标，需要对高校教育管理工作进行不断的积累，工作积累是一个长期的过程，即高校教育管理价值具有积累性。例如，为学生提供一个教学有序的环境，从而推动大学生的良好发展。

3.受制性与扩展性

因为高校教育管理是直接面向大学生实施的，大学生在学习和工作中会受到多种多样因素的影响，因而高校教育管理价值也会受到多重因素的影响，高校教育管理价值的受制性就表现在此。可以大致分为正反两方面的影响：①当影响大学生的因素与高校教育管理作用的方向一致时，高校教育管理更容易发挥成效，高校教育管理的价值更易实现；②当影响大学生的因素与高校教育管理作用的方向相反时，高校教育管理的成效就会受到负面的影响，其价值就会难以实现。

以上讲的是各种因素对大学生的影响与作用，高校教育管理价值的扩展性所讲的内容正好与之相反，是指高校教育管理可以通过直接影响大学生的一言一行，从而间接影响外部环境与因素，从而扩展了高校教育管理自身的价值。例如，高校教育管理对科技创新的倡导，会直接影响与激励学生参与到科技创新的活动中去，从而间接影响到学校有关科技创新方面的发展，更进一步提高学生科技创新的能力和水平。

4.系统性与开放性

高校教育管理价值是多种角度、多种类别的有机整体，具有较强的系统性。在这里可以将高校教育管理价值按照各种不同的角度来进行分类，多方面解读高校教育管理价值的系统性，以下用几种分类举例。

第一，按主体分类，可以分为社会价值、高校集体价值和个体价值。社会价值体现在高校教育管理对社会运行与发展的作用；高校集体价值体现在高校教育管理对高校自身持续性发展的作用；个体价值体现在高校教育管理对大学生个体的培养和长远发展的作用。

第二，按形式分类，可以分为理想价值和现实价值。理想价值是高校教育管理不受任何因素影响，以最理想的状态实施运作，实现最终价值的状态，而现实中往往有各种各样的影响与阻碍，现实价值是在现实条件下正在实现或者已经实现的价值状态。

第三，按性质分类，可以分为正向价值和负向价值。

第四，按价值高低分类，可以分为高价值和低价值。

高校教育管理价值是具有开放性的。随着价值主体和高校教育管理功能的变化与发展，高校教育管理的价值也会随之发展。社会发展日新月异，作为高校教育管理服务对象的大学生也在不断发生新的变化，服务对象的改变必然会导致高校教育管理的相应改变，以期适应管理对象，扩展管理的价值。例如，信息时代的到来，计算机网络对学生的影响越来越深，面对这种新情况，高校教育管理要及时关注并规范大学生网络的使用，从而跟进高校教育管理在网络中的价值扩展。

（二）高校教育管理的社会价值

高校教育管理通过培养与输送合格的高等人才作用于社会，虽然形式是间接的，但其社会价值对社会的影响仍然是广泛而深远的。中国特色社会主义建设对合格人才有着较高的要求，高校教育管理本身是实现其社会价值的重要手段。

1.培养合格人才的重要手段

社会的发展对人才的需求尤其是对高素质人才的需求越来越大,作为需要不断向社会输出人才的高等学校责任重大,高校教育管理的中心任务具体体现为:为社会培养出一批又一批的专业人才,从而促进社会的进步与发展。高校教育管理在高校培养人才的过程中扮演了重要的角色,是高校培养人才的重要手段,意义重大。

（1）维护正常的教育教学秩序

高校规章制度的实行可以帮助高校教学活动良好有序地展开,高校教育管理对高校教育教学秩序的维护是高校有效开展教学的保障。具体实行中,高校教育管理可大致分为以下三个方面。

第一,高校教育管理要按照一定的制度对学生的学籍进行严格的管理。学生的入学与注册,课程和各种教育环节的考核与成绩记载,转专业与转学,休学与复学、退学,毕业与结业等各项工作做到明了和有序,帮助高等学校建立正常的教学秩序,从而使其能够顺利地开展各项教育工作。

第二,具体到学生群体,高校教育管理要对学生群体进行系统又全面的学习管理,从而对学生形成一种正向的督促与激励,如规范学生行为,督促学生遵守纪律等,对良好学风的养成和教育教学秩序的正常建立十分有利。

第三,高校教育管理对学生团体的管理和引导,对建立正常的教育教学秩序具有很强的促进性。

综上,高校正常的教育教学秩序的建立是离不开高校教育管理的。

（2）激励、指导和保障学生的学习行为

教学虽然是组合在一起的词语,但"教"与"学"是两种不同的概念。从"教"与"学"中可以明显看出这是两种动作,代表着教师和学生的双向互动,因此教学的过程中"教"与"学"也是辩证统一的。在"教"与"学"的过程中,前者是主导,后者是关键。对于大学生来说,学习是其主要任务,能否完成学习任务关系着大学生能否成为一个合格的人才，在这种情况下，高校教育管理就扮演着激励、指导和保障其顺利完成学业的重要角色。以下对这三个方面进行具体阐述。

第一，激励作用。高校教育管理可以引导学生对学习的意义产生正确的认知，让学生明白学习是实现其自身价值的重要途径，学习目的的明确也可以调动学生学习的主观能动性；奖学金和荣誉称号的设置，对优秀学生的表彰等行为，也可以激励学生全身心地投入学习；在大学学习中引入竞争机制，组织各种具有竞争性的学习赛事，同样可以调动学生学习的积极性。

第二，指导作用。新生入学以后，高校教育管理可以引导学生熟悉大学教育环境与内容，使他们能够尽快把握大学阶段的学习特点和要求，尽快从被动性学习转向主动性学习；在大学学习的过程中，高校教育管理要引导学生及时发掘自身特点，根据社会实际的需要制定适合自身的职业规划，后期还要督促学生根据自身的职业方向明确学习目标，进而进行有计划有目标的学习；学生明确学习目标和规划后，良好学习方法的把握也是十分重要的，高校教育管理应给予学生一定指导，促进学生良好学习习惯的养成，进而快速提升自身的学习力；大学生社会实践活动的开展也是促进大学生学习必不可少的一项内容，大学生不仅要掌握专业的理论知识，对专业理论知识的实践也是学习过程中的重要一环，在实践中对专业理论知识的理解和应用有助于大学生自身专业技能的加强与提升。

第三，保障作用。高校学生来自全国各地，每个学生的家庭经济状况都不相同，高校教育管理应切合实际，加强资助管理，对家庭经济困难的学生切实地做好助学贷款和助学金的发放，并对学生的勤工助学活动作必要的指导，从而帮助学生顺利完成学业。大学生的心理健康也是高校教育管理需要关注的一个方面，对学生进行及时的心理辅导，帮助学生缓解并逐渐克服学业焦虑，可以有效地帮助高校学生建立正常的学习与生活秩序。

（3）培养学生的思想品德

社会的发展不仅对人才专业技能的要求越来越严格，对人才的思想品德和能力素养方面也同样开始着重关注起来，所以一个符合社会需求的人才必然要德才兼备。在大学生接受高等学校的教育过程中，不仅要对其进行深入细致的思想政治教育，还要以高校教育管理为辅助，督促大学生养成以良好思想品德为思想基础的行为习惯，持续地规范大学生行为，促使大学生由他律转向自律。

现实情况中，大学生各个方面的发展都还未成熟与稳定，且每个学生的个性也不相同，再加上思想基础上的不同，大学生接受思想教育的意愿就显示出了一定的差异，因此大学生在自律方面尚有欠缺且存在不同程度的差异。想要提高大学生的自理、自律水平，加强大学生遵循社会规范的自觉性，促进其良好行为习惯的养成，就需要以思想政治教育为主，以高校教育管理为辅，双管齐下，最大限度地推动学生自理、自律能力的提升。

高校可以利用高校教育管理功能，结合实际情况制定科学有效的规章制度，各项规章制度的严格执行，不仅对学生的行为管理和纪律约束具有强化作用，还可以使大学生的学习和生活都处于一种良好有序的状态，最大化地提升大学生思想政治教育的成效。

2.构建和谐社会的内在要求

中国特色社会主义的本质属性是社会和谐，构建社会主义和谐社会是发展中国特色社会主义的基本要求和重要保证。对学生具有引导作用的高校教育管理的有效实施，对构建社会主义和谐社会具有重要的价值和作用。

（1）高校教育管理是维护社会稳定，实现社会安定有序的重要保证

高校是高等人才的培养基地，不断地为社会做着人才输出工作，从高校输入社会的人才直接影响着社会是否能够稳定有序地发展，因此社会稳定的重要方面就是高校的稳定，而高校能否稳定，高校学生是关键。

高校学生的思想尚未成熟，呈现出明显的矛盾性。例如，高校学生普遍关注国家发展情况，对时事政治也有一定的了解，崇尚自由与民主，对政治方面也有较强的参与意

识，但相对而言，他们政治经验与社会生活经验匮乏，不具有良好的政治辨别力，因此对社会上不良思潮的抵抗力较弱。另外，高校学生年纪较轻，生活阅历较少，情感共鸣能力较强，这种特性使高校学生形成了热情勇敢的个性，但相对而言，更易冲动，丢失理性。大学生群集于高校校园内，若高校教育管理不能进行有效的干预与引导，一些不良的信息和倾向很快会在学生群体中扩散，不利于大学生自身发展的同时还会对社会造成不可预估的不良影响。

综上，高校教育管理若能够正确地引导高校学生的思想、学习和生活，及时处理学生间突发事件，妥善解决学生在高校生活中的各种问题，就能有效地促进高校的稳定，高校的稳定继而会对社会的安定有序产生积极的作用与影响。

（2）高校教育管理是构建和谐校园的重要手段

高等学校是现代社会中不可或缺的重要社会组织，担负着培养人才、推进科技进步、传播先进文化的重要任务。构建和谐校园，是构建社会主义和谐社会题中应有之义，也是推进高等学校科学发展的内在要求。

第一，加强高校教育管理，引导和组织大学生积极发挥在和谐校园建设中的主体作用，是构建和谐校园的重要保证。

第二，加强高校教育管理，建立和完善学生参与民主管理的组织形式，引导、支持和组织学生依法参与学校的民主管理和实行自主管理，切实维护和保障学生在校期间享有的权利，引导和督促学生全面履行法律规定的义务，自觉遵守国家法律和学校管理制度，能够有力地推进高等学校的民主法治建设。

第三，加强高校教育管理，妥善地协调学生与学校、学生与教师之间的关系，维护学生的正当利益，实事求是地评价学生的思想品德和学业成绩，公正地实施奖励和处分，正确地处理学生中的各种矛盾和问题，可以使公平正义在校园中得到弘扬。

第四，加强高校教育管理，督促学生在学习考试、科学研究、人际交往和日常生活中坚持诚实守信，做到不作弊、不剽窃，引导学生尊敬师长，友爱同学，团结互助，才能在校园中形成诚信友爱的良好风气。

第五，通过高校教育管理，充分调动学生的积极性和创造性，围绕专业学习，开展丰富多彩的社团活动和社会实践活动，鼓励、组织和支持学生开展科学研究，进行创造发明，尝试创业活动，才能使校园真正充满活力。

第六，通过高校教育管理，建立和维护学校正常的教育教学秩序和生活秩序，加强学生的安全教育和管理，保障学生的身心健康，有效地预防和妥善地处理学生中的突发事件，努力建设平安校园，才能使校园实现安定有序。

第七，通过高校教育管理，引导和督促学生自觉维护校园环境，节约使用水、电等各种资源，才能使校园成为人与自然和谐共处的生态校园。

（3）高校教育管理是促进高校学生集体和谐发展的重要手段

高校学生党团组织、班级、学生会、社团等都是高校学生在高校内团体生活的主要表现形式，这些团体活动包含了政治、学习和生活等各方面的因素，对高校学生的思想有着直接而有力的影响。高校学生集体的和谐发展，不仅可以促进学生个人的健康成长，对高等学校内部的和谐稳定也有积极的影响和作用。

高校教育管理可以有效地规范大学生的集体活动，对大学生集体活动的和谐发展意义重大。以下通过三个方面进行具体阐释。

第一，高校教育管理可以指导高校学生集体自觉遵循学校规章制度，以高校人才培养和学生自身发展为中心，开展多样的集体活动，有效地发挥高校学生的主观能动性，促进高校学生集体发展和学校发展统一。

第二，高校教育管理可以增强高校学生的集体建设，即思想建设、组织建设、制度建设和作风建设等，加强高校学生间的团结互助和沟通交流，促进个体的良好发展。

第三，高校教育管理可以规范高校学生集体的秩序，正确处理各类集体之间的关系，在面对大型活动的时候，高校各学生集体间要加强沟通，争取互相之间的协调配合与支持，使大学生形成自我教育与管理的合力，促进高校内各学生集体的团结互助与和谐发展。

第二节　高校教育管理的过程

研究高校教育管理过程，主要是要弄清高校教育管理过程的含义和构成要素，把握高校教育管理过程的特点和主要环节。

一、高校教育管理过程的含义和构成要素

（一）高校教育管理过程的含义

高校学生在高校学习和生活过程中会出现很多干扰因素，这些干扰因素影响和制约着高校学生的成长与发展，因此高校教育管理为实现教育目标就需要对此情况进行规范与调整，这就是高校教育管理的过程。高校教育管理过程实际上是一种循环往复的动态运行过程，其实质就是对组织环境和管理对象的变化与发展作一个良好的把握，通过对各种因素的实时调节与管理，在动态的情况下实现组织目标。相比高校教育管理的系统性的动态过程，单一的管理行为没有办法直接达到管理的目的，高校教育管理的目的只能在这个动态管理过程中完成。高校教育管理工作的良好实施离不开对管理过程的充分认知和把握，只有对高校教育管理过程进行全面的认知，才能将管理内容进行由整体至局部的拆解，继而彻底做好高校教育管理的各部分工作以及整体上的工作。

（二）高校教育管理过程的构成要素

高校教育管理过程包含四个基本要素，即管理者、管理对象、管理手段和职能、管理目标，这四个基本因素是协同合作，必不可少的。以下就是这四个基本因素的具体内容。

第一，管理者，是指在高校教育管理过程中，谁来进行管理。

第二，管理对象。高校教育管理是一个整体管理的过程，其中必然涉及管理什么，高校教育管理的管理对象众多，人、财、物、时间、空间、信息等都包括在内。

第三，管理手段和职能。高校教育管理必然要通过一定的管理手段和方法才能良好运行，也必然要通过一定的方法实施才能发挥作用，达到管理目的，目前而言，除了行政方法、法律方法、经济方法、教育方法等基本管理方法外，高校教育管理还需要对管理对象进行一系列的包括预测、决策、计划、组织、激励等相关举措。

第四，管理目标。高校教育管理需要有可实现的管理目标，以待后期对管理作出方向上的明确与调整，并最终实现预定目标。

二、高校教育管理过程的特点

目的性、有序性、可控性是一般管理过程的特征，而高校教育管理过程除了一般管理过程的特征，还有以下三方面独有的特点。

（一）高校教育的管理过程是一个高校教育管理工作者与大学生双向互动的能动过程

对高校学生的管理工作是相对复杂的，在高校教育管理过程中，管理者是具有主导性作用的，被管理者则是管理过程中的主体，二者都应发挥自己的作用，努力达成统一。另外，管理者和被管理者积极发挥主观能动性，进行二者之间相互影响、相互互动的过程就是高校教育管理的过程。管理者要对被管理者有一个清楚的认知并进行恰当的塑造，而被管理者对管理者的管理举措要有一个正确的理解，遵循管理者的管理指导，对自己的行为进行约束与管理，达到自我教育的效果，从而对管理和自我管理作一个很好的融合，如果被管理者能够很好地接受管理者所传达的思想观念和行为规范，并将其纳入自身的思想品德结构中，那么这种思想纳入可以"内化"成支配和控制自身思想和情感行为的内在力量，帮助被管理者实现由"管"到"理"，由他律到自律的飞跃。

（二）高校教育管理过程是有效利用学校的各种资源，为大学生成长成才提供指导和服务的过程

高校教育管理的目标是为社会不断培养和输出合格的专业人才，高校教育管理若要发挥其最大的效益，就要在高校教育管理过程中对各种资源进行合理分配与使用，从而促进人才的成长和发展，另外还要将各种基本的管理要素，如人、财、物、时间等协调运转起来，继而为高校学生的成长与发展提供行之有效的指导。

（三）高校教育管理过程是与大学生教育过程紧密结合，保证教育目标顺利实现的过程

当今高校学生的特性之一就是思维活跃，在高校教育管理的过程中，要避免伤害高校学生较强的自我意识和自尊意识，所以这就要求管理者在管理过程中注意管教结合，以实现教育目标为前提，做到管中寓教，教中有管。管理者在管教的过程中还应注意多多提升自身的管理能力，争取在管理沟通工作中做到寓情于理，从而使高校学生在管理过程中受到启发和教育，并逐渐内化至自身的思想结构，这样一来，受管理过程的长期影响，作为被管理者的高校学生会将内化的思想观念和行为准则转化为自己外在的行为，从而实现由内化到外化，由他律到自律再到自为的飞跃。

三、高校教育管理过程的主要环节

决策、计划、组织是高校教育管理过程的主要环节，它们之间相互区别，又联系紧密。

（一）高校教育管理决策

高校教育管理决策是指高校教育管理工作者为了达到一定的目标，在掌握充分信息和对有关情况进行深刻分析的基础上，运用科学的方法，从两个以上的可行性方案中选择一个合理方案的分析判断过程。高校教育管理决策的过程共包含以下四个方面。

1.研究现状

没有问题就不需要决策，所以决策存在的前提条件是有问题需要解决。因此，在制定决策之前，一定要对高校教育管理过程中是否存在问题进行了解与解析，确定了问题的存在，就要分析问题的性质，并将问题延展开，分析此类问题是否已经对高校学生的学习和生活、高校自身的建设和发展、社会的发展等产生了负面影响，由此作为依据再决定是否对此制定决策，这些问题同时还是决策的起点。高校教育管理过程中，高校高层的管理人员应积极发挥主观能动性，对学生在校园内的生活给予充分的关注，运用自身的职能把握全局，从而找出问题的关键。

2.确立目标

高校学生在高校学习、生活、对自己专业技能的培养和提升以及未来毕业后进行就业与创业时，会面临很多的问题和挑战，要在此基础上作出分析，并且更进一步地研究这些高校学生在面临这些可能出现的问题时，是采取的何种措施，达到什么效果，也就是说，要明确决策目标。决策目标的确立有六个方面的作用。

第一，决策目标的确立，明确了学校内部的各种目标的一致性，只有目标一致，工作才能够很好地开展下去，也有利于高校和学生的健康发展。

第二，决策目标的确立，同样明确了高校教育管理工作的方向，高校在进行教育管理的资源调配过程中，就可以将决策目标作为依据，顺利地开展管理工作。

第三，决策目标的确立，对学校内各方面良好氛围的形成与培养有着重要的作用，高校学生在高校内的学习和生活会持续很长一段时间，因此为学生提供和促成一种井然有序的学习、生活秩序至关重要，决策目标的确立可以促进形成这种普遍的思想状态和生活氛围。

第四，决策目标的确立，可以有效地帮助识别学生群体是否和学校目标保持一致。对和学校决策目标保持一致的学生来说，决策目标的确立和实行可以有效地帮助他们形成良好的学习实践活动和生活核心；对和学校决策目标不太一致的学生来说，决策目标的确立和实行也为阻止学生的不良活动提供了一种解释。

第五，决策目标的确立，可以帮助学校将目标细化并转化成一种分工结构，即促进学校总目标和不同阶段目标分工结构的形成，这也有利于学校内部将任务分配到各个责任点上。

第六，决策目标的确立，对组织预算和控制各项活动的成本、时间和成效都有很大的帮助。用这种可预估和可控制的方式有助于提供一份组织目标和把这种总目标转化为分阶段目标的详细说明。

以上说的是决策目标的确立具有何种良好的作用，以下则是为了确立决策目标，需要做的工作。

（1）提出目标

想要确立决策目标，必须先提出目标。上限目标，即理想目标；下限目标，即必须实现的目标。

（2）明确目标的多重性与互斥性

高校教育管理的目标具有多重性，要明确多元目标之间的关系，对于不同年级、不同专业的学生来说，目标的侧重是不同的，一般决策只能在特定时期选择一项作为主要目标。多元目标有联系性也具有互斥性，如对面临着毕业的学生来说，考研究生、考公务员以及求职之间联系紧密，但互斥性明显。所以确立主要目标与次要目标之后，更要明确它们之间的关系，这样才能使学生将全副身心投入到主要目标活动里去，避免因小失大。

（3）对目标进行限定

不同目标的设立给高校和学生带来的是不同的结果，有利目标的执行，会促使高校和学生产生有利的成果，不利目标的执行，则很大程度上会带来不良的后果，所以高校要平衡这两者之间的关系，对目标加以限定，规定一个程度与范围，在范围内的活动都是被允许的，一旦超出则要终止计划与目标活动。一般而言，有三个基本特征的目标可供衡量和把握，即能够计量、规定期限和确定责任人。

3.拟定决策方案

选择是在拟定决策方案时的关键,提供的可选择方案越多,越容易作出正确的选择。通过实践,可以看出只有通过举办多种多样的活动,才能对目标有一个很好的实现,因此需要拟出多个决策方案来帮助目标的实现。决策目标的成功实现往往伴随着众多决策方案的实行,因为对于管理者而言,若行事方法只有一种,那么这一种方法极有可能是错误的,这就要求管理者思考多种优良方案。

4.比较与选择

方案进行拟定以后,就需要对方案的优劣进行评价和比较,进而作出考虑和选择。一般而言,会通过以下三方面因素来进行选择:首先,要检查方案的实施条件是否完备,同时预算方案成本;其次,若方案实施成功,可以为高校和学生带来怎样的短期利益与长期利益;最后,要提前预测方案实施过程中可能遇见的各种问题和困难,从而预估方案实施成功的概率有多大。在将所有的方案通过以上三类要素进行评估之后,得出的差异化结果可以帮助人们分析每个方案的优势和劣势,从而帮助人们更好地选择。在明确方案优劣后的选择,不仅可以让方案的优势得以发挥,还可以对方案中的劣势环节进行充分的准备与解决,并同时预备好应急策略以面对突发情况,从而避免不必要的损失。

(二)高校教育管理计划

高校教育管理计划就是在决策既定目标的前提下,进一步根据实际情况,科学地、及时地预计和制定为达到一定的目标的未来行动方案。具体来说,就是通过将学校在一定时间内的活动任务分解给学生管理的每个部门、环节和个人,从而不仅为这些部门、环节和个人的工作以及活动的检查与控制提供依据,而且为决策目标的实现提供组织保证。

1.高校教育管理计划的制定

一般而言,高校教育管理计划的制定可以遵循以下四个步骤。

（1）收集资料，为计划的制定提供依据

由于计划多种多样，所以进行计划制定的时候，一定离不开不同专业和不同年级高校学生的资源配合与执行，所以计划制定者在制定计划的时候，需要搜集多专业、多年级的高校学生的活动能力及外部资源的资料，为计划者制定计划提供合理有效的依据。

（2）目标或任务分解

依据决策总目标，进行阶段性目标分解实现的分工结构，有助于将长期目标细化成阶段性的目标，从而将阶段性的目标落实到各个部门、各个活动环节，有效地明确每个阶段性目标的责任，促进工作的良好开展。目标或任务分解的主要目的还是促进学校形成良好的目标结构，即目标的时间结构和目标的空间结构。依据目标结构，高校目标可以分为较高层次的目标与较低层级的目标，较高层次的目标一般而言是总体目标和长期目标，而较低层次的目标一般而言是部门、环节和各阶段目标，目标结构就描述了这二者之间相互指导与保证的关系。

（3）目标结构分析

目标结构分析主要是研究高校较低层次目标（高校各阶段目标）对较高层次目标（高校长期目标）的保证能否落实，这点对高校教育管理计划的制定十分重要。高校各部分各阶段目标的达成，是促使整体目标实现的必要条件。高校若在阶段目标的实现过程中发现某个或某些具体的目标无法达成，就要考虑采取相关的补救措施，以促进整体目标的达成，若出现具体目标无法补救的情况，就需要考虑对较高层次目标进行相关调整和修订了。

（4）综合平衡

高校教育管理计划的制定还应注意综合平衡的工作。

第一，平衡工作一般分为时间平衡和空间平衡，即与决策目标结构对应的学校各部分在各时期的任务是否相互协调和衔接。分析学校各阶段任务是否相互衔接，以保证学校活动能够顺利进行的工作，是时间平衡方面的工作；分析学校各阶段各部分任务之间是否协调，以保证学校整体性活动能够相互进行的工作，是空间平衡方面的工作。

第二，高校活动是否能够顺利进行与高校对其的资源供应有着密不可分的关系。高校活动的进行和实施离不开高校的资源供应，能够在恰当的时间为活动筹集到足够的物资，保证活动的顺利举行和持续性开展，是综合平衡工作中的一部分。

2.高校教育管理计划的执行

高校教育管理计划制定之后，就要对制定的计划进行执行，若没有执行的步骤，任何计划都是空谈。在高校教育管理计划的执行过程中，高校管理者和高校学生是计划执行的主要力量，计划的执行是否能够保质保量，是否能够圆满完成，很大程度上取决于执行者，即高校教育管理者和高校学生，在计划执行过程中是否积极发挥了主观能动性。

3.高校教育管理计划的调整

任何计划执行的过程，都不是一成不变的。计划制定后进行执行的期间，时常会有实际情况的变动，而此时执行者就需要根据实际情况对计划的执行作出最恰当的调整。另外，不仅是客观因素的影响，随着时间的推移，执行者的认知也会随之不断发生改变，对计划的实时调整，有助于执行者更好地执行计划，从而呈现出最好的计划成效。高校教育管理计划同样需要执行者根据实际情况进行不断的调整。滚动计划就是能够符合高校教育管理计划调整的一种现代计划方法，它的特点便是可以在计划执行过程中根据实际情况的变化而对计划作出实时恰当的调整。

这种方法根据计划的执行情况和环境变化情况定期修订未来的计划，并逐期向前移动，使短期计划、中期计划有机结合起来。一般计划的制定是符合当时条件下的最恰当的内容，但随着时间的推移与发展，很多因素都会随之变化发展。计划工作的难点之一就是很难从开始就全盘预估到后来的情况，并且随着计划的延长，工作中的变化和不确定性因素会逐渐加增，如果仍然按照过时的计划开展工作，肯定会带来不可预估的损失和不良后果。滚动计划的采用就很好地规避了这种不确定性带来的不良后果。

滚动计划的基本做法放到高校教育管理计划执行的过程中来就是高校先制定好一个时期的计划，然后执行者在计划的执行过程中，要注意高校内外因素的变化，并根据这些变化对计划加以修正，使计划不断地延伸和发展，滚动向前。一般而言，长期计划在执行过程中，所面临的执行环境是非常复杂的，因素变动也是最多的，所以滚动计划方法更多的是在长期计划中的应用，通常是对长期计划进行的修正和调整。如滚动计划可以根据高校内外条件因素的变化和计划实际的开展情况，来进行适时恰当的修整，从而促进一个为高校各部门、各阶段活动作导向的长期计划的形成。当然这种计划方式也不是完全绝对的，也是可以应用到短期计划工作中的，如年度和季度计划的制定和修正。

（三）高校教育管理组织

为了使高校内人、财、物、信息、时间、技术等资源都得到最佳且合理的配置与应用，高校教育管理组织应运而生。高校教育组织是一个高校学生管理机构和学生工作管理者，通过对管理机构的建立，对职位、职责和职权的确立，对各方关系的协调，把组织内各要素联结成一个有机整体，从而对计划进行有效的实施与修正的组织。高校学生的健康成长、良好的未来发展和高校教育管理目标的实现，都离不开科学的高校教育管理机构的设置和合理有效的组织工作的实施，而科学合理的且能行之有效的高校教育管理机构的建构就至关重要。

目前而言，各大高校学生管理工作的组织结构形式已趋于一致，由上至下分别是：学校党委和学校行政、校党委副书记和副校长、学生工作处和团委、院系党总支副书记、年级辅导员、学生会。

1.学生工作处

学生工作处具有两种工作职能：行政管理职能和思想政治教育职能。行政管理职能的主要工作是面对学生的日常管理方面，如应对新生的招生工作，应对毕业生的就业工作，应对日常的奖惩、生活指导等行政管理工作。思想政治教育职能则更专注学生的思想教育方面，如新生入学教育、学生日常生活方面的思想教育和毕业就业方面的思想教育。学生工作处将二者进行结合，可以有效地规避管理和思想上的脱节，推动学生工作在高校党委宏观指导下顺利进行。

2.团委

在高校教育管理组织中，团委的主要职能是在学校党委的领导下，对大学生团体组织的建构与管理做好把关工作，同时在学生会和学生社团方面、学生的社会实践活动和志愿者活动方面，都做好相应的管理与指导工作，负责这些活动的顺利开展。

3.学生会

校学生会、院（系）学生会和各班级的班委会共同组成了学生会，它是一个结构完整的组织系统。在管理方面，学生会的管理系统比较严密，使学生会既有独立性又有整体性，即各部门和各成员之间不仅有分工还有协作。学生会组织在高校教育管理组织中占据着重要的地位，是高校教育管理工作可以顺利实施的有效条件，所以在进行高校教育管理的过程中，学生会组织的完善、巩固才能得以实现。同时，学生会是由高校学生组成的，其工作不仅涉及高校学生学习、生活、就业等各方面，更代表着广大高校学生的切身利益，所以高校上级管理部门对学生会组织不仅要给予必要的指导，还要给予一定的财力支持，促使学生会组织能够积极地发挥主观能动性，使学生会真正地起到连接学生与学校的桥梁作用，有效促进高校教育管理的顺利开展与实行。

4.大学生自我管理委员会

大学生自我管理委员会一般是挂靠在学生处或团委，由三个部门构成，即生活保障部、宿舍管理部和风纪监察部。下面将对三个机构职能进行具体阐述：①生活保障部，主要针对的是高校学生在校期间的就餐方面，它的主要任务就是通过对就餐环境的美化和就餐秩序的维护，构建文明食堂，为高校学生创建文明的生活环境；②宿舍管理部，主要是通过对高校宿舍进行管理，给广大高校学生提供一个可以进行良好学习和生活的清洁又舒适的环境；③风纪监察部，主要是对高校校园环境的整治，即对高校学生发生的违纪行为进行监督与治理，对食堂的秩序进行维护与引导等。

第三节　高校教育管理的规律与原则

一、新时期高校教育管理的规律

研究高校教育管理，就必须认识和掌握高等教育管理的客观规律。由于高等教育管理是一门新学科，目前学界还没有科学准确地概括出它的基本规律，但有一些学者对此提出了富有启发性的见解，对高等教育管理规律作了初步探讨。

（一）自然属性与社会属性相统一的规律

高等教育管理的自然属性，是指高等教育管理活动在本质上具有不因社会条件和时代背景而变化的稳定性；高等教育管理的社会属性，是指高等教育管理活动随社会形态的变化和历史发展过程中所形成的特殊个性而呈现不同特征的性质。

1.高等教育管理的自然属性

高等教育管理的自然属性主要表现在三个方面。

（1）高等教育管理的普遍性

高等教育管理是普遍存在的，不论哪个国家，哪个历史时期，只要存在高等教育活动，就存在对培养高级专门人才的活动进行管理的必要。

（2）高等教育管理的共同性

高等教育管理在各个历史发展时期都具有明显的共同点，这些共同点不因国家的政治、经济、文化等差异而有所变更，也不因历史时期的变化而消失。正因如此，中国传统高等教育管理中的优秀部分就会被继承和发扬。欧洲中世纪大学的校、院制一直被现代大学所采用，还有其学位制也一直沿袭至今。

（3）技术性

高等教育管理使用的技术和方法一般不受社会制度不同的影响，各国都可以相互借鉴、学习，使用先进的管理技术和手段，如计算机用于高等教育管理等。

2.高等教育管理的社会属性

高等教育管理的社会属性包含两层含义。

（1）高等教育管理具有历史继承性

在人类创造历史的过程中，由于社会及自然环境不同，形成的各种地域文化在高等教育管理活动中留下了深深的烙印。这些"印记"在高等教育管理思想和管理信条上表现为不能超越一定的社会文化形态以及人们的社会心理状态，具有"同源文化"的国家和地区，在高等教育管理思想和管理哲学上具有很大的相似性，而"非同源文化"中所产生的高等教育管理思想和管理哲学就存在明显的差异。

（2）高等教育管理具有政治性

因为高等教育管理是与权力关系联系在一起的，高等教育的体制和有些制度、政策总是社会制度和政策的一部分，为一定的政治服务。高等教育管理必须也只能在一定的社会历史条件下和一定的社会关系中进行，生产关系的性质不同，生产劳动的组合要素、结合方式不同，管理的社会性质也不同。

高等教育体制、管理政策总是执行和巩固一定的生产关系，实现高等教育目的。比如，以人为本的管理思想正是这一特性的体现。

自然属性和社会属性是高等教育管理活动本身所具有的两种属性，两者处于矛盾统一体中。这两种属性统一于计划、组织、指挥、协调、控制等管理职能上，根本上统一于高等教育管理效益中。

（二）封闭性与开放性相统一的规律

高等教育管理的封闭性，是指在高等教育管理过程中，根据高等教育管理的特殊矛盾而在高等教育系统内部自我运转和良性循环的性能；高等教育管理的开放性是指在高等教育管理过程中，根据高等教育管理的特殊矛盾而在高等教育系统与外界环境相互联系、互相作用中实现物质、能量、信息交换的性能。高等教育系统的"存在"与"发展""必然"和"偶然"的矛盾统一是高等教育管理封闭性与开放性矛盾统一规律的两种典型的表现形态。高等教育的发展理论、权变理论和开放系统学说，都是以遵循这一规律为前提的。

1.高等教育管理的封闭性

在高等教育系统内部，无论进行什么高等教育管理工作，首要的前提都是在相对独立、完整的高等教育系统内部，按照高等教育系统的特定目标而进行优化组合，即在高等教育系统的"投入、加工、产出"的过程中构成一个相对封闭的系统。没有封闭性，高等教育系统就没有相对稳定的环境，任何对高等教育系统的分析及高等教育管理活动过程都不可能存在。这种封闭性是一种客观存在，是为了更好地进行高等教育管理的必然要求。完全封闭的高等教育系统是不存在的，因为完全封闭就意味着与环境不进行任何物质、能量、信息的交换，这样的高等教育系统必然逐渐消亡，所以高等教育系统和高等教育管理的封闭性又具有相对性。

2.高等教育管理的开放性

高等教育系统，一方面受外界环境的制约和影响，另一方面又对环境施加影响，两者之间存在着物质、能量、信息的交换，这决定了高等教育管理的开放性。这是实现高等教育系统整体特性功能目标的需要，是实现高等教育管理高效益的需要，也是高等教育系统存在和发展的物质基础和基本条件。

3.高等教育管理的封闭性和开放性既相对立又相统一

（1）高等教育管理的封闭性和开放性是相对的

高等教育管理封闭性的重点是强调高等教育管理系统目前的"存在"，将人力、物力、财力放在目前"存在"上，影响发展，失去了取得更大效益的机会。高等教育管理的开放性则强调在高等教育管理系统的发展上，过分注意高等教育管理系统效益的最优化，忽视系统"存在"，将导致高等教育管理系统的"存在"基础动摇。

（2）高等教育管理的封闭性和开放性又是统一的

高等教育管理的封闭是相对的封闭，是包含开放的封闭，并在开放的封闭中实现自身的优化和发展。高等教育管理的开放是在一定存在基础上的开放，这种开放只有依存于相对独立的、完整的高等教育管理系统，才能和社会环境进行物质、能量和信息的交流，从而建立起新的更能适应社会发展需要的高等教育管理系统。

（三）学术管理与行政管理相统一的规律

在高等教育管理中处处离不开行政管理，如制定高等教育的规划，对人、财、物等资源进行分配和调控，对计划的执行进行检查督促，协调高等教育系统中的各方面使其正常运转等。但在高等教育管理中，学术管理是很重要的方面，学术水平的高低、学术管理的成功与否，对高等教育管理的水平及其发展有重大影响。因此，在高等教育管理中必须坚持学术管理与行政管理的统一。学术管理与行政管理的不同点主要表现在以下三个方面。

1.指导原则不同

学术管理中要坚持学术自由的原则，提倡百家争鸣，这是学术繁荣的基本条件。学术上的分歧要通过开展充分自由的讨论取得共识，不能由某个权威人物说了算，也不能采取少数服从多数，即所谓的学术民主方法。学术问题只能用学术标准评判，强调科学性，要用科学实验和论证、调查研究、同行专家评估的方法，而不能采用行政管理中行政决断的方法。行政管理中由于存在抓住机遇的问题，所以强调少数服从多数的原则，适时作出决断。但行政管理的重大决策，也要考虑其科学性、合理性，同时更强调要从实际出发，要考虑其可行性，考虑它会产生什么影响和效果。

2.采用方法不同

在学术管理中，要根据不同学科专业的特点采用不同的方法。由于学科、专业、任务的不同，所运用的方法也就不同。因此，学术管理不能采用统一的模式，应该采用多样化的管理方式。管理文科和理科的方法不一样，管理专业课和基础课的方法也不相同。

行政管理则强调统一，由于它强调从全局出发，发挥高等教育的整体功能，因此往往用集中划一的方式，用政策法令、规章制度等统一和协调高等教育管理的各方面工作。

3.管理程序不同

学术事务的管理是依靠教授专家实行民主管理。在西方大学中，学科发展方向的选择、学术规则的制定、学术梯队的配置，甚至包括教学研究人员的选聘等问题的决策管理，都由教授讨论会决定。在我国很多高等学校，学术事务管理上的决策，也都吸收教授参与讨论。行政管理是贯彻执行上级指示和领导工作意图，是一种"科层式"管理，强调下级服从上级，从上到下逐级指挥和布置，层层贯彻执行。

高等教育管理中学术管理与行政管理虽然有上述这些不同的特点，但只是相对的，学术管理与行政管理往往是交织在一起的，很难截然分开。特别是随着高等教育日趋大众化，高等学校规模的扩大和内部结构的日益复杂化，高等教育管理的难度也逐渐加大，这必将促进行政管理的强化。在高等教育管理中，要更加注意根据学术管理与行政管理的不同特点，采用不同的方法进行管理，并尽量协调好两者之间的关系，决不能用行政管理代替学术管理。

（四）过程管理和目标管理相统一的规律

探索管理活动的过程是管理科学的核心问题之一。管理过程是为实现管理目标执行一系列管理职能的动态过程和环节。管理活动按一定的程序，行使其基本职能，形成有序的管理过程和环节，才能顺利地实现管理目标。如果对管理过程缺乏综合分析，就难以揭示各部分管理工作的内在联系。

1.过程管理

高等教育管理过程可以归纳为计划、执行、检查、总结4个环节。

（1）"计划"是起始环节，统领整个管理过程

计划环节包括确定目标、制定若干方案、选择决策、拟定行动计划等。制定计划最主要的内容是确定管理目标。

（2）"执行"是使计划付诸实施

执行环节是管理者在管理过程中实施组织、指挥、协调、控制等一系列管理职能，其内容包括建立机构，完善制度，组织人力、物力，指挥行动，协调关系，教育鼓励等。通过这些手段，协调人、财、物等各种要素的相互关系，使其效能充分显示出来，从而实现计划，达到既定的目标。

（3）"检查"是对执行的监督和加强

因此检查环节和执行环节是结合在一起的，不是截然分阶段的。检查环节主要是实施管理的控制职能，其重要内容是建立反馈渠道和机构，及时提供反馈信息，以保证计划所规定目标的实现。检查还能检验计划的正确程度，必要时采取追踪决策，调整计划，修改或补充执行措施。

（4）"总结"是终结环节

这一环节是对计划、执行、检查这3个环节的总检验，是用计划目标作为尺度对管理的全过程进行总评价，也为制定新的计划提供依据，起着承前启后的作用。

由此可见，管理目标统帅、指导着管理全过程，管理过程的各个环节都是为实现管理目标服务的。高等教育管理者在管理过程中，一定要保持清醒的头脑，时刻不忘管理目标，一切为实现管理目标而奋斗，如果成天忙于事务，把手段当成目标，那就会迷失方向。

2.目标管理

目标管理是运用目标指导管理过程的一种管理方法。其内容包括：由管理者和被管理者根据组织的任务共同确定管理目标，包括把总目标分解为部门目标和各成员的个人目标。动员各部门和全体成员自觉地为实现各自的目标而努力工作。用管理目标检查工作的进度和评估工作的成效，根据成果实施奖惩。

高等教育管理过程还有难以控制的特点，原因有以下几点。

（1）学校教育工作的周期性长

管理效能具有滞后性，它的社会效益要在若干年以后才能显现出来。

（2）教师工作决定了其工作方式大多是个体劳动

高等教育管理过程具有很大的独立性，不像工厂生产物质产品那样按工序进行严格的分工。

（3）高等学校的"产品"（学生）很难定型化、标准化

培养学生的质量不易检验，而且学生还有很大的可塑性，学生的性格、思想、智能也各有差别，在管理过程中要注意因材施教，这也增加了控制的难度。

因此，高等教育管理要把过程管理和目标管理结合起来。

（五）管理与服务相统一的规律

一般来讲，管理具有两方面的职能，一是协调和控制生产关系的职能，二是组织生产的职能。在管理实践中，这两方面的职能就是指管理与服务。两者虽有区别，但又密切联系，相互促进，是辩证统一的。服务工作做得好，有利于加强管理，而科学有效的管理本身就是很好的服务。

在高等教育管理中，必须注意根据高等教育的特点，处理好管理和服务的关系。要正确处理好高等教育管理中管理和服务的关系，关键是正确对待教育工作者，特别是高等学校中的教师。高校教师既是主要的管理对象，又是主要的服务对象。在高校中必须充分理解和尊重教师，因为办好高校，搞好教育管理，主要依靠教师。要尊重他们的人格和个性，理解他们具有个体的劳动方式、喜欢独立思考、遇事求真的思维习惯等特点，对他们的业务成绩要合理评价、充分肯定。

在高等教育管理中，在处理管理和服务的关系时，还必须把对上级领导机关负责和对群众负责统一起来。要管理，必然要按上级指示和规章制度办事，这是应该的，也是容易做到的。但高等教育管理事业的发展，必须依靠广大师生，只向上级负责，看不到群众，必然无法从实际出发解决问题，必然会挫伤教师的积极性，从而不利于高等教育管理工作的开展。

二、新时期高校教育管理的原则

（一）高校教育管理原则的确立

原则是人们对客观规律的认识和反映，是指导人们观察和处理问题的准则。由于规律具有不以人的意志为转移的客观性，因此作为客观规律反映的原则也应该具有一定的客观性。任何管理活动，总是自觉或不自觉地遵循着某种原则，这就是管理原则。为了使管理活动有效，管理原则必须符合客观规律，并且不断地随着社会的变化而发展。

高校教育管理原则是从事高等教育管理时应遵循的活动准则和基本要求。它是从高等教育管理的实践活动中总结提炼出来的，反映了高等教育管理活动的特殊性规律和特点。确立高校教育管理原则，既要借鉴现代管理的一般理论，又要充分考虑高等教育管理的特殊背景；既要追求理论上的相对完备性，又要强调对实际工作的指导意义。尤其要分析各原则是否涵盖，以及在多大程度上涵盖整个高等教育管理领域，从而给高等教育管理原则以科学、客观、合乎逻辑的定位。因此，可以从以下几个方面分析高校教育管理原则的确立。

1.一般管理客观规律与高等教育管理客观规律

管理存在自身的规律，管理活动必须遵循这些规律。一般管理活动的规律就是管理各基本要素之间内在本质的联系和管理过程的逻辑关系。现代行政管理学的理论和方法就是对行政管理活动一般规律的认识和反映。行政管理思想经历了工业管理、人际关系、结构主义等发展阶段。教育管理在不同场合、不同程度上借鉴了行政管理思想。例如，人际关系理论注意到员工的积极参与、满意、合作以及士气与团体的凝聚力，有可能使生产效率得到提高。这种思想也影响到教育行政管理人员寻找方法提高教师和学生的积极性和主动性，以期最大限度地发挥他们的创造力。

虽然一般的管理理论与方法对高等教育管理原则的确立有一定的借鉴意义，但管理活动不能脱离事物本身的发展规律，高等教育管理必须遵循高等教育的客观规律，高等教育管理按照高等教育规律的要求，调节和协调高等教育活动中的各种关系，以保证高等教育目标和任务的实现。因此，认识和掌握高等教育的客观规律，是确立高等教育管理原则的客观依据。高等教育的一般基本规律包括两个方面：一是高等教育与社会协调发展的规律，二是高等教育与受教育者身心全面发展相适应的规律。高等教育管理原则必须以这两个规律为前提，才能避免高等教育管理与高等教育工作者之间的对立和冲突，从而最终提高管理效益。与一般的管理活动相比，高等教育活动存在一些特殊规律，它们构成了这门学科专门的研究领域。

例如，经济效益与社会效益的关系、人才培养与科学研究的关系、学术管理与行政管理的关系等。高校教育管理原则的制定与人们对这些特殊规律的认同密切相关。如果把外国管理著作中的理论套用到我国高等教育管理实践中，或者是生搬硬套经济领域的管理理论和原则，就会脱离高等教育的特点和规律，无法提出正确的高校教育管理的基本原则。

2.高等教育管理活动的特殊性

人作为管理对象的核心，高等学校与工厂所管理的人全然不同。工厂管理者面对的是工人，工人生产的是没有意识的物品；高等教育管理者面对的是教师和学生。教师既是管理对象又是管理者，他们面对的是有意识的学生。学生既是被教师塑造的"产品"，又参与自身塑造，从这个意义上说，学生也是管理者。因此，高等教育管理要充分调动教师和学生的积极性和主动性，并为他们创造有利于独立思考、自由发挥的条件和环境。

同时，由于教师和学生都是脑力劳动者，高等教育管理过程以知识为中介，有大量的学术问题，因此要注意行政管理与学术管理的统一。这也是高等教育管理的特殊性。

3.高校教育管理原则的系统性

教育管理原则不应是随机的、零散的，而应构成一个系统，具有整体性、目的性和关联性。

高校教育管理原则体系的整体性在于，各原则围绕怎样提高高等教育管理效率这一目标结合为一体，没有一条原则能脱离原则体系整体而单独存在。只有存在于原则体系中，每一条原则才有它的功能。而且，原则体系的功能是以整体功能而论，而不以某一条原则的功能而论，原则体系的整体功能不等同于各条原则功能的简单相加。各条原则只有在原则体系整体功能目标，即提高高等教育管理效率的指导下，以合理的方式相互联系在一起并充分发挥各自功能，才能保证原则体系整体功能的实现。

高校教育管理原则体系的目的性在于，利用原则指导具体的高等教育管理实践活动，使管理活动更符合客观规律，从而提高高等教育管理效率。高校教育管理原则体系的关联性是指涉及高等教育管理过程的各条原则应该相互依存、相互补充、相互制约。

（二）高校教育管理的基本原则

高校教育管理的基本原则应该是根据一般管理学的原理提出的，同时又特别适用于高等教育管理领域。它们必须全面、准确地反映高等教育管理活动的特点、本质与规律；它们在理论上是完备的，在实际工作中又是切实可行的，能覆盖整个高等教育管理活动领域，普遍有效地指导高等教育管理实践活动。根据上面对高校教育管理原则确立的依据分析，高校教育管理基本原则体系应该包括以下五个方面。

1.高校教育管理的方向性原则

管理是一种有目的的活动，管理工作必然有方向。管理成效的大小，首先取决于方向是否正确。任何管理都是为实现一定的管理目标。管理目标是管理活动的前提，管理目标体现管理的方向。教育是培养人的社会活动，就其本质来说，教育必须与一定的社会政治、经济相适应，并为其服务。不论什么社会性质的高等教育，培养什么样的人都是一个根本问题，它是高等教育目标的核心，集中体现了高等教育管理的方向。

新时期党和国家的教育方针是：教育必须为社会主义现代化建设服务，与生产劳动相结合，使受教育者成为德、智、体、美、劳等方面全面发展的社会主义建设者和接班人。这一方针明确规定了我国高等教育政治方向和服务方向、教育目的和实现教育目的的基本途径。

（1）要坚持社会主义的政治方向

社会主义的高等教育管理，必须坚持社会主义的政治方向。教育是具有阶级性的，任何一种社会制度都要以它的意识形态教育和影响学生。高等教育管理必然受一定的生产关系和国家的政治经济制度的制约，有鲜明的阶级性。

我国作为社会主义国家，要求高等教育必须以社会主义意识形态教育和影响学生，为社会主义建设培养具有坚定政治方向的建设者和接班人。要明确我国的高等教育是社会主义性质的，要为社会主义服务，坚持社会主义的政治方向。如果不首先明确我国高等教育的社会主义性质，那就谈不上有正确的办学方向。

坚持社会主义的政治方向，要有现实针对性。随着信息技术的发展，发达资本主义国家凭借技术优势，作为主要的信息输出国，控制全球信息与通信的命脉，其音乐、电影、电视与软件几乎遍及全球。它们影响着几乎所有国家的审美观、日常生活和思想。因此，要特别注意西方意识形态的渗透，注意国外敌对势力利用各种机会对我国施行"西化""分化"的阴谋，坚持高等教育管理的社会主义政治方向。

（2）要坚持为社会主义经济建设服务

高等教育要坚持社会主义政治方向，同时要服务于经济建设这个中心，主动适应经济和社会发展的需要，这两个角度规定了高等教育的办学方向，各有侧重，相辅相成，两者并不矛盾。

政治方向是从高等教育的社会性质来讲的，服务方向是从高等教育的工作任务和目标来讲的。政治方向规定了服务的社会主义性质，服务方向体现了坚持社会主义政治方向的实际内容。因此，不能说高等教育的方向性只指政治方向，而没有别的内容，这是不全面的。社会主义高等教育的方向就是坚持为社会主义现代化建设服务的方向。

2.高校教育管理的高效性原则

任何管理活动，其基本目的都是提高组织系统的效率和效益。管理效率和效益的关系，是与管理目标联系在一起的。目标正确，效率越高，效益越好；管理效益的大小就是在消耗一定的人力、物力、财力和时间等资源的条件下，实现管理目标的。

高校教育管理的高效性原则是高等教育管理本质的直接体现和具体化。它要求以一定的高等教育资源投入，培养和提供更多的合格高级专门人才和高水平的研究成果。或者说，培养和提供一定数量的合格人才和研究成果，投入的高等教育资源要求最少。

高等教育所产生的效益是多方面的，它既能促进生产力的发展，又是巩固政治统治和建设精神文明不可或缺的手段，是社会得以延续和发展的重要条件。这些主要体现在提高劳动者素质和培养人才的数量和质量方面。同时，高等教育在发展科学技术文化方面的作用也是十分重要的。

高等教育是需要大量投入的事业，而发展高等教育的资源是有限的，它靠社会提供，既受社会经济发展水平的制约，也受社会政治制度、管理体制和人们教育观念的制约。因此，高等教育管理既要注重经济效益，即以较少的投入培养更多的人才，注意节省人力、物力和财力，更要注重精神效益、社会效益，即坚持办学的政治方向，全面提高高等教育的质量。

3.高校教育管理的整体性原则

高校教育管理整体性原则既决定于高等教育系统的整体性，又受制于培养高级专门人才的高等教育目的。高校教育管理的整体性原则可表述为，以培养人才为中心，科学地组织各方面工作的有效配合，并充分地考虑社会环境中诸因素的影响。

高等教育的根本任务是培养人才。培养人才不仅要组织好教学工作，还必须有思想教育工作、师资培养工作、科学研究工作、后勤管理工作等与之配合。除了培养人才的职能以外，高等学校还有开展科学研究的职能和直接为社会服务的职能。高等教育管理的目标和内容，不是单一的教育、教学活动的管理，而是包括教育、科学研究和直接为社会服务等活动的综合管理。不论是培养人才、开展科学研究和为社会服务，都与社会系统紧密相关，都必须与社会经济、政治、科学文化相适应，因此必须把高等教育管理放在整个社会环境中考虑。

（1）高等教育管理要以培养人才为中心

各方面活动的开展都要服从于培养人才这个首要任务。

就政府对高等教育的宏观管理来说，首先要做好培养人才的决策和宏观控制，包括人才培养的预测规划、总体规模、发展速度、结构布局等，以及通过组织、计划、协调、立法、拨款、检查评估等手段，保证培养人才的数量和质量。

就高等学校的管理来说，各部门的工作都要面向学生，教学和思想教育工作要遵循人才成长规律，科研、生产工作要与教学工作结合，后勤工作要为教学和科研服务，而不能各自为政，各行其是。

（2）要处理好教学和科研的关系，使两者相互结合相互促进

教学是高等学校培养人才的主要方式和基本途径。但是，不能把教学工作仅理解为课堂讲授。

教学活动既包括通过课堂讲授使学生学到间接知识，也包括指导学生获得直接知识和掌握学习方法。因此，教学是传授知识、发展智力、培养能力和形成良好思想品德的综合过程。

科学研究是培养人才的重要途径，把科学研究引入教学过程是高等学校教学过程的一个重要特点，它能给学生创造全面发展智能的环境和条件。

学生通过参加科学研究能够有目的地、主动地学习，获取完成研究任务所需要的理论知识；进行积极思维，在实践中发展各方面的能力，培养创新精神；还能培养学生养成严谨的治学态度、踏实的工作作风和团结合作的精神；能更好地促进师生之间教与学两方面的信息交流，使教师对学生了解得更深入、更具体，有利于实行因材施教，更好地发挥学生的特长和主动性。

开展科学研究还能够提高高等学校教师的学术水平，充实和更新教学内容，改进教学方法，使教学质量不断提高。因此，不应该把科学研究和教学对立起来，而应该使两者互相结合，互相促进。高等学校教学传授给学生的知识，是前人实践经验的系统总结。科学研究正是在已有知识的基础上探索和总结新的知识，进一步加深对客观世界规律性的认识。因此，从人们的认识活动来讲，只有开展科学研究，把生产实践和科学实验

的成果总结成各种理论体系，使人们不断地获得新的知识和能力，才有可能进行各门学科和专业的教学。

从这个意义来讲，科学研究是"源"，教学是"流"，科学研究总是走在教学的前面。在教学中给学生讲授的理论知识，并不需要也不应该要求教师都通过自己的研究实践进行总结和积累。但是，现代科学技术的发展日新月异，高等学校的教师如果不通过开展科学研究，及时了解和掌握本门学科和相关学科的最新动态和发展趋向，而仅停留于传授现成的书本知识，那就不可能提高教育教学质量，培养出适应现代科学技术迅速发展和现代化建设需要的合格人才。

（3）发展科学技术文化，是高等学校的重要任务

随着现代科学技术日新月异发展，高科技向现代生产力转化越来越快，高新技术产业在整个经济中的比重不断提高，科技在经济发展中的作用越来越大。21 世纪是高新技术迅速发展的新时代，我国改革开放和现代化建设进入承前启后、继往开来的关键时期，国家的经济建设和社会发展比以往任何时候都要更加倚重于科技进步。在这种形势下，高等学校特别是重点大学的科学研究工作更应大大加强。

（4）直接为社会服务也是现代高等学校的一项重要社会职能

高等学校培养人才、开展科学研究、为社会服务这三项职能是互相联系、相辅相成的。开展各种形式的社会服务，有利于加强学习与社会的联系，增进对社会需求的了解，增强主动适应经济发展和社会发展需要的能力；有利于高等学校的教学更好地理论联系实际，培养锻炼学生解决实际问题的能力，提高教学质量；有利于进一步发挥学校的潜力，充分调动教师职工的积极性和主动性，通过有偿服务，为学校筹集一部分资金，以弥补办学经费的不足，用以改善办学条件和师生员工的生活条件。

但是，高等学校必须以培养人才为中心。衡量学校工作的根本标准是培养人才的质量和数量，绝不能只看经济收益的多少，搞短期行为，而不顾教学质量和学术水平。

因此，一定要处理好培养人才与直接为社会服务的关系。必须统筹兼顾，加强管理，对收益进行合理分配，调动各方面的积极性，特别是在教学第一线工作的教师的积极性。

4.高校教育管理的动态性原则

任何事物都是处于不断变革之中的。管理过程是一个不断发展变化的动态过程。管理对象内部诸要素是不断发展变化的，它们之间的关系也在不断发展变化着，管理系统的外部环境也是变化、发展的。因此，管理过程的实质，就是根据管理对象和条件的变化、发展，对其相互关系作出相应的调整，以实现整体目标。

管理活动与管理对象、管理环境之间有着本质的、必然的联系。高等教育管理过程中要完成的任务、组织的结构、用来完成任务的技术和参与的人员都处于动态之中。

高等教育活动必须按照管理的基本原理和原则进行，保持管理的相对稳定和应有的秩序。

高等教育管理的对象、内容、方式、手段都在变化之中，要求运用高校教育管理原则时有灵活性。

高校教育管理的动态性非常明显。随着现代科学技术的发展，社会对高等教育的需求在不断变化，社会给高等教育提出的条件也在不断地变化。高等教育要为社会服务，必须主动提高适应经济和社会发展需要的能力。这就要求高等教育必须不断改革、创新。高等教育体制改革的目标，就是逐步建立使学校具有主动适应国民经济和社会发展需要的有效机制。就高等学校本身来说，学生每年有进有出，教师队伍也需要适时补充和调整，教学和科研的设备也要不断地更新。经济体制改革、政治体制改革和科技体制改革的深化，对高等学校不断提出新要求。

因此，高校教育管理的动态性原则可表述为，通过不断的改革以主动适应经济和社会发展的需要。动态性原则要求人们做到以下几点。

（1）以发展的战略眼光看问题

任何事物都不是静止不变的。只有改革才能促进教育发展，教育要发展则必须不断地改革。

（2）处理好变革与稳定的关系

在变革不适应部分的同时，要继承高等教育合理的内核。既不能墨守成规、抱残守缺，坚持既成的体制和维持现状，也不能全盘否定已往的经验。

（3）要注意不能朝令夕改

尤其在高等教育改革方面要持慎重的态度。高等教育管理的动态性，从根本上讲，是由高等教育必须与社会的政治、经济、科技、文化的要求相适应这一基本规律决定的。由于社会是不断发展的，高等教育也必须随着社会的政治、经济、科技的发展不断地改革，以适应社会发展的需要。高等教育管理对象和外部条件的这些变化，管理工作中不断出现的新情况，需要不断地总结新经验，解决新问题。

以上五条原则是高校教育管理的基本原则，是普遍适用的。方向性原则反映了我国高等教育管理的性质，从根本上确立了社会主义高等教育发展的大方向，规范了高等教育的培养目标；高效性原则指出了管理工作的本质特点和根本要求；整体性原则反映了管理工作的基本要求；民主性原则贯穿高等教育管理活动始终，为高等教育管理活动顺利进行提供了良好的氛围，保证管理工作有重要的动力；动态性原则指出完善管理工作的根本途径。它们相互制约、相互促进，共同指导高等教育管理的全部活动，构成了一个完整的原则体系。在实际工作中，贯彻这些原则是紧密联系、相辅相成的。

第四节　高校教育管理的发展

以高校教育管理的历史考察为根据，全面梳理高校教育发展的脉络，总结前人的历史经验，对解析高校教育管理的新发展意义重大。

一、高校教育管理发展的历史经验

随着高等教育的不断发展，高校教育管理也不断地发生变化。中国共产党自成立以来，领导着高等教育从无到有，并不断地发展变化，一路上成绩颇丰。在此期间，高校教育管理也相应地发展变化，最终慢慢成熟起来。尤其是改革开放以后，高校教育管理的实践为高校教育管理积累了宝贵的经验

（一）遵循国家教育方针，确保高校教育管理的正确方向

若要确保高校教育管理发展的方向不偏离轨道，就离不开国家教育方针的正确指导。国家在一定历史时期为了实现既定的基本路线和基本任务，会提出明确的国家教育总方针，一切教育都要遵循国家教育总方针的要求。国家教育方针明确了我国教育的总方向，明晰了我国对人才的培养与要求，方针的明确规定集中体现了坚持党对教育工作的领导，坚持教育服务于社会主义现代化事业，教育与生产劳动相结合，培养德智体美劳全面发展的社会主义接班人等要求。高校的一切工作要以国家教育方针为指导进行积极建设与开展。

具体而言，高校教育管理是一种高校工作管理的手段，是服务于国家教育方针的，高校教育管理开展得是否正确，关系着为国家输送的人才是否符合社会主义接班人要求，所以高校教育要全面贯彻国家的教育方针，为培养合格的社会主义接班人服务，要规避因偏离国家方针导致高校教育管理混乱失序的情况。

（二）发挥育人功能，依据教育规律，科学管理

管理是一门科学。管理科学中的一个分支是高校教育管理，高校教育管理既具有一般管理工作的规律和特点，也具有符合其自身管理特征的规律。高校教育管理的对象是高校学生群体，有特定的指向性，这是和一般管理工作的区别点，高校教育管理应在遵

从一般管理规律的情况下，发挥其独有的规律和特征，从而达到为社会输送合格人才的要求。

改革开放以来，我国经济迅速腾飞，不仅使社会结构与利益格局发生了深刻的变化，还给人们带来了新的观念，不可避免地对人们的思想产生了强烈的冲击。立足新的时代背景，高校学生的观念也发生了骤变。整体而言，比较好的方面是高校学生树立了众多与时代相符的正面意识，如自强意识、创新意识、成才意识、创业意识等，但与之相对地，高校学生的思想也在一定程度上产生了一些不良的观念问题。基于此，高校教育管理在开展工作的过程中，应及时把握时代特征，对大学生开展符合其时代与自身特点的教育工作，不断探索新的科学的管理方法，从而利用科学有效的管理工作，引导高校学生树立正确的思想观念，促进高校学生的健康成长与发展，不断为社会输送合格的人才。

（三）完善学生管理制度，提高管理水平，依法管理

依法建章，规范管理是现代学生管理所必须遵循的原则，是贯彻依法治国、人才强国战略的必然要求。随着社会的不断发展，高校的办学规模也随之扩展，高等教育也由精英化不断走向大众化，同时随着办学层次的提高，作为一种公共权力的高校教育管理，如何行使其职权也日益得到了广泛的关注。随着高等教育的不断开展，高校学生群体由之前的法律意识淡薄逐渐向知法、懂法、遵法转变，在法律意识的培养与加强下，学生维权活动日益增多，基于这种新的实际变化，高校教育管理在管理工作中更应依法管理，对管理制度进行不断的优化，健全管理制度，细化管理流程，对于涉及高校学生切身利益的问题，高校教育管理要切实地保障高校学生的合法权益。

综上，高校教育管理在管理工作中要充分地考虑到自身的办学层次与特色，进行符合自身特点的办学类型的创新，量体裁衣，制定符合自身的科学化、规范化的教育管理制度。同时，在符合自身的管理制度基础上，要不断地提高自身的管理水平和能力，做到依法管理。

（四）坚持教育与管理相结合，形成齐抓共管的长效机制

高校学生在校期间的学习、活动、生活等各个方面，高校教育管理都参与其中。高校教育管理的各个部门协力管理着高校学生的校园生活，承担着相应的管理责任。如高校教学、科研和行政管理部门对学生的学籍管理、群体组织管理、群体活动管理、安全管理等。

高校学生是一个特殊的群体，因此高校教育管理在开展管理工作的过程中，不仅要注重对高校学生的管理工作，还要注重对高校学生的教育工作，坚持教育与管理相结合的工作模式，积极发挥高校各个部门相互之间的紧密协作，改变高校教育管理只是学生工作部门的责任的认知，形成齐抓共管的长效机制。这就要求高校各部门明确相互之间的职责与分工，在这个前提下，各部门工作才能有效地进行配合，形成长期的工作合力。若要形成以上齐抓共管的长效机制，同样离不开高校对体制和队伍方面的建设，如各部门联席会议制度的定期举行、学生工作领导小组的建设等，对于协调各部门工作职能方面具有良好的促进作用，有效地提高了高校教育管理工作的针对性和实效性。

（五）充分利用现代科学技术手段，不断创新管理方式方法

时代是不断向前发展的，科学技术也在不断地进步与革新，相应地高校学生与高校条件也在不断地发生着变化，这就要求高校教育管理的工作方法也要不断地进行创新与开拓，以充分适应变化发展的新情况，如高校教育管理工作中管理者可以运用信息技术、计算机网络技术、测量技术、咨询技术等技术手段，不断地推动高校教育管理方式的创新与发展。高校教育管理工作要注意两方面的内容。

第一，在高校教育管理工作中，要充分地运用科学技术，对高校办公网络化、自动化进行积极的建设，同时在高校教育管理过程中，高校也应重视对网络技术和信息技术等科学手段的积极运用，将现代技术应用到高校教育管理的工作中去。

第二，高校教育管理工作，应以科技手段为辅，积极开发针对高校教育管理实际的应用技术管理平台，应用科技手段对管理方式进行不断的创新，如大学生信息管理系统和高校教育管理网络互动系统等现代化办公系统的建立。

二、高校教育管理发展的新情况

（一）管理环境的新变化

1.国际国内环境的变化决定了高校教育管理环境的时代性

第一，随着时代的不断发展，全球化趋势不断增强，我国在政治、经济、文化、教育等诸多领域的国际交流与合作日趋频繁，高等教育国际化进程加速。其中，作为新生一代的高校学生，在这种大背景下受到的影响最为深远，经受着西方文化思潮与价值观念的强烈冲击。高校教育管理应立足全球化的环境背景，根据自身的发展特点，在吸收国际先进管理工作经验时，发展出一条符合中国高校教育管理特色的道路来。

第二，改革开放后，随着我国经济的腾飞，我国社会结构与利益局面也发生了深刻的变化，这种社会变革深刻地影响着我国的新生一代，高校学生作为其中的代表，受益的同时也遭受着诸多矛盾的影响和冲击。随着高等教育从精英化向大众化的不断转变，高校学生的构成也发生了翻天覆地的变化，越来越多的不同年龄阶段、不同学历层次、不同社会阅历、不同价值追求的人进入高校进修与学习，高校教育管理为适应管理对象多样化的新特点，也应作出对应的变化与发展。

第三，随着高等教育的不断开展，高等教育法治化进程的不断深入，高校学生群体也由之前的法律意识淡薄逐渐向知法、懂法、遵法转变，高校学生群体的维权意识不断增强，权利诉求的不断增加，学生需要从学校获得更多的自由和权益，因此高校教育管理在面对这种新情况时，不应只止步于简单的学生管理，而是应把"以人为本"和"从严管理"相结合，针对新情况进一步开拓学生管理工作的内容，推动符合时代特征的管理方法的发展与变革。

2.高校办学模式的变化增加了高校教育管理环境的复杂性

随着社会的发展，高等教育规模和高校后勤社会化进度也在不断地扩充与推进，部分高校也从以前的单一校区发展成了多校区，教学也随之发生了变化，很多校园也从一开始的封闭式变成了开放式，高校的集群化发展导致部分地区形成了大学城，高校学生在内生活，相比过去而言，生活社区化和成长环境化正逐渐成为高校学生学习和生活的新问题。高校学生的学习、生活、社交、实践、娱乐等活动也随之发生了走出校园、走进社区和走向社会的新变化。这些新情况无疑增加了高校教育管理工作的难度，使高校教育管理对学生的群体管理从建制式为主转变向流动式为主，同时高校学生的安全问题对高校教育的管理者来说也是一个不容忽视的挑战。

学年制井然有序的教育管理模式随着高校学分制和弹性制的不断实行与规范逐渐被打破，高校学生的班级观念不断淡化，逐步形成了以课程为纽带的丰富多变的听课群，高校学生在对专业、课堂、修业年限的自主选择后，不同专业甚至不同学校的学生都能够在一起学习，这更增加了学生管理环境的复杂性，同时导致学生管理对象亦日趋复杂。

3.学生就业、资助、心理等现实需求的强化，凸显了高校教育管理环境变化的现实性

对于即将毕业的高校学生而言，就业问题是他们步入社会之初需要首先面临的一大挑战，就业管理显示，伴随着就业高峰，就业难问题已经引起了社会各方面的关注，同时也是每个高校学生最关心的问题。就业形势日益严峻，面对国家的就业政策和就业市场规律，高校学生出现了不适应的情况，同时高校学生在就业心态上也出现了不同程度的偏差，虽然学校提供就业市场咨询指导、职业生涯规划等相关的就业服务，但学生的诉求变高了，目前的高校就业管理并不能完全满足这些诉求，这就要求高校就业管理能够及时把握时代特征，根据学生就业需求方面的实际变化，作出对应的优化与调整，切实地帮助学生解决就业难题。

随着我国经济的不断发展，人民生活水平有了显著提高，但从高校学生的实际情况来看，我国高校学生中经济困难的学生仍然有较高的比例，高校资助管理的工作就是为了避免高校学生因经济困难而辍学。从对高校经济困难学生的传统资助来看，高校资助管理工作只是为学生提供了经济方面的援助，并未进行相关的心理辅导，这就使得部分经济困难的学生出现了情感负担重以及上进心缺失等心理问题。随着高校教育管理工作的不断开展与优化，资助管理工作也应作出相应的改变，针对部分经济困难学生的心理健康问题，高校资助管理工作不仅要为学生提供经济上的需求，还要扩充资助管理工作的内容，以期满足经济困难学生的精神需求。

从高校学生心理健康发展来看，部分高校学生出现的不同程度的心理问题会大大影响到他们的大学生活，对高校学生开展心理咨询与调适是十分必要的，高校学生对这一变化亦日趋认可。但随着社会环境的不断发展与变迁，影响高校学生成长的因素变多，在高校学生成长环境的较大的差异化等条件的综合作用下，高校学生呈现出了极具时代特征的心理特点和心理问题，不断出现的新的心理问题，尤其是发展性心理问题，对高校教育管理提出了新的要求。新的情况要求高校教育管理者在工作过程中，需要对学生的思想和行为进行密切的关注，并根据不同学生的特点，因人而异地实施不同的心理问题干预，对学生的心理问题进行有效的解决。

需要注意的是，经济困难学生、就业困难学生和心理困难学生并不是割裂存在的，还不同程度存在着经济、就业、心理三方面困难复合而成的"复困生"，这些综合因素对高校教育管理工作的开展是不小的挑战，使学生管理工作的难度大大增加。

4.互联网的发展增加了高校教育管理环境的挑战性

随着信息技术的进步，特别是互联网的发展，社会生产生活方式发生了相应的变化。一方面，网络已经成为大学生获取信息的主要来源，大学生既是网络信息的生产者，也是网络信息的消费者，海量信息对促进大学生更新知识、拓宽视野有着较大的促进作用，有效地激发了他们的学习兴趣、创新意识、竞争意识，形成了新的文化意识和文化精神。另一方面，网络也给高校学生管理工作的有效开展带来了一定的负面影响。网络信息的开放性、快捷性、丰富性等特点，使得知识的权威性受到了质疑。网络的虚拟性、隐蔽性使网络成为有害信息的滋生地和传播地。一些大学生沉溺于网上虚拟世界不能自拔，难以明辨信息而上当受骗，甚至出现了网络犯罪等情况。对学生管理而言，网络是一把"双刃剑"，给学生管理工作带来了新的挑战，需要学生管理工作者具有网络化思维，在网络环境中加强对学生的正向管理，最大限度地消除网络对学生的负面影响。

（二）管理对象的新特点

中共中央、国务院印发的《关于进一步加强和改进大学生思想政治教育的意见》明确指出，总体来看，当代大学生思想状况的主流是积极、健康、向上的。然而在目前经济发展和对外开放程度提高的条件下，在各种思想相互冲击的大环境中，大学生的思想活动在独立性、选择性、多边性、差异性上明显增强，容易受到各种思想文化的影响。比如，部分大学生存在社会责任感缺乏、艰苦奋斗精神淡化、团结协作观念较差、心理素质欠佳的问题。

1.不同学生群体的差异性

从横向上看，不同学生群体由于理想追求、知识水平、生活背景、努力程度的不同，体现出了明显的差异性。

（1）党员群体

党员一般是大学生中的优秀分子，是各个大学生在学习、生活、思想上的标杆，是党与大学生联系最为紧密的桥梁和纽带。不管是理想信念、政治意识、政治认同，还是价值观、人生观，相比于其他学生群体思想觉悟较高。对于国家大事有关注，积极践行良好的社会公德，有着强烈的正义感、集体荣誉感和团队精神，具有较强的自控能力，并且热心于帮助其他人。这些都是党员群体的优点，但是在这一群体中也出现了部分党员党性修养不足、功利性明显的问题，并不能对一个群体一概而论。

（2）学习优异学生群体

这一群体的学生对于学习有一个明确的目标和规划，对于新知识有着强烈的求知欲和探索精神；坚持真理，敢于批评；有时间规划，讲究高效率；有着良好的学习习惯，对于学校和班级的规章制度能够自觉遵守。但是在这一群体中，有部分学生存在对班集体没有融入感的缺点。

（3）后进生群体

这一群体学生存在的问题是：没有明确的理想信念，没有承担社会责任的意识，价值观念错误，不遵守规章制度。

（4）经济困难学生群体

这一群体学生的特点具有多样化。他们既有好的一面，比如有上进心和爱心，具备自强不息和艰苦奋斗的精神，也有不足的一面，如精神负担重，易于出现心理问题。这一群体的特殊性在于，好的一面与不足的一面能够在一个个体上体现。

2.不同年级的学生有不同的特点

从纵向上看，不同年级的大学生呈现出不同的特点。

（1）大一年级学生

大一的学生初入大学，对于新生活抱有期待，热衷于新鲜事物，希望能够尽快转变自己的角色，具有较强的自尊心。但是大学和高中生活差异较大，学生不再是单纯地学习。有部分学生出现学习目标丧失、人际关系混乱、理财和生活经验缺乏等问题。

（2）大二年级学生

大二学生已经渡过了初入大学的新鲜期，对于学习目标和自我定位有了更加理性的认识，在主动意识和学习意愿上较强烈。同时有部分学生在受到生活、恋爱等因素的影响后出现不同程度的心理问题。

（3）大三年级学生

大三学生在人生目标的制定上更加贴近现实，学生逐渐划分为保研、考研、就业、出国等群体，不同群体有着不同的特征。①准备保研学生，更加重视学习成绩和相关活动，对于保研的信息更加关注；②准备考研的学生，在学习习惯上更加有规律，更愿意自己一个人开展学习活动，对于参加集体活动的意愿不强烈；③准备就业的学生，更加关注自身技术和能力的提升，出现"考证"热潮，对于就业信息更加关注。

（4）大四年级学生

大四年级分为几个阶段。上半学期所有学生都处于紧张状态，准备保研的学生四处奔波，准备考研和就业的学生压力增大，他们都会不同程度地表现出焦虑、急躁等特征。下半学期，除尚未找到工作的学生外，其他学生的学习、生活开始呈现出散漫的状态，学生自由时间增加，社会兼职增多。毕业前夕更是表现出聚会多、安全隐患多等特点，毕业生离校教育管理的工作量大大增加。

（三）管理任务的新要求

在高校学生管理的任务中，最根本的是要解决学生的实际问题。重视学生管理任务，不仅是高校教育的要求，更是社会发展的需要。大学生作为国家的栋梁之材，重视学生的培养是十分重要的。在高校教育管理中要明确人才培养的具体标准，以及培养人才的方法措施，要抓住育人这一重点任务，坚持"高校教育，育人为本，德智体美，德育为先"的原则，从教书育人、服务育人和管理育人入手，运用理论教育的同时要结合实际，教育要做到内容与时俱进，形式符合实际，明确学生的需要，根据实际情况为学生解决具体问题。

辅导员作为大学教育中最贴近学生的群体，要明确其在教育管理工作中的职责和任务。具体体现为：①重视学生思想政治教育、服务育人工作以及班级建设和管理，需要注意的是，对学生的思想政治教育不能只体现在特定时间段或特定场合，而是要从日常小事出发，让学生习惯正确的行为举止和思维方式。②遵循规律，大学生的思想政治教育不能操之过急，而是要根据学生的实际情况调整教育方法，在继承旧理论、旧方法的同时进行创新，使用学生易于接受的方法开展工作，进而促使学生的成长和成才。③提高自身的工作技能和水平，思想政治教育的内容和方法在更新，面对的大学生也不一直是一个群体,辅导员也需要不断学习新知识,扩充自己。④及时对工作进行调查和研究,根据工作对象和工作条件的变化,对工作思路和方法进行调整。⑤学会运用新的工作载体,拓宽工作渠道,对现代科学技术手段和方法进行运用。工作要根据学生的具体情况来进行,增强工作的吸引力和感染力。

目前,高校学生管理任务的现实要求有以下几点。

1.一体化运行

对于现在具有时代性、复杂性、现实性、挑战性的高校教育管理环境,传统的学生管理已经不适应新环境的变化,学生管理应该向教育、管理、咨询和服务拓展,要将高校教育管理的基本任务确立为大学生的群体组织管理、行为管理、安全管理、资助管理、就业管理以及管理的评估。想要实现学生管理工作的一体化运行,需要大学管理部门的协调运行,合作促进学生的管理工作顺利开展。

2.专业化发展

高校学生管理必须要走专业化道路的原因在于:①高校教育管理环境的变化;②管理任务的细化;③管理对象的变化和高要求,对于学生管理的效率和效益都有提高作用。

3.个性化服务

随着高校教育的改革和社会的发展,现代学生更重视自己的个性化发展,高校教育要根据这一现状转变自己的服务和管理,最好能够实现个性化服务。高校教育通过针对每位学生的教导,促使每位大学生成长和成才。

4.信息化促进

网络使学生管理工作面临新的挑战,已成为学生教育管理的重要阵地之一。这就需要高校学生管理工作既要利用网络加强对学生的教育、管理和服务,形成网上网下教育和管理的合力,又要充分利用现代网络技术,建立起信息化、网络化的学生管理系统,切实提高工作效率,更好地为学生服务。

5.法治化保障

在现阶段,法院经常接收到大学生的案件,司法部门已经介入学校的教育管理。因此,在高校教育管理中也要重视法治化。实现法治化主要体现在两个方面:①学生方面,学生遵守国家的法律法规,不能触碰法律的底线,对于法律文件上有明确说明的,要遵守相关规范,对于法律文件上没有的,要根据社会道德标准和法律基本原则来做。②高校在制定学生管理制度时,要以国家和地方的法律条文为基点,并且考虑学生的具体情况,收集学生的建议和要求,从而保证规章制度的科学性和适用性。只有采取这样的方式,才对学生管理的权威性和学校的秩序保障有促进作用。

第二章　高校教育管理创新

自 20 世纪 90 年代，我国高等教育建设和发展出现了"井喷"现象，高校办学规模和在校人数逐年增加，在"建设世界一流大学"的目标号召下，我国高等教育的基础设施建设和学科建设步伐大大加快。我国高等教育追寻的"世界一流大学"的精神内涵需要着重指出，大学的内涵是"普遍、整体、世界"，大学精神气质的这种普遍主义精神主要表现为：首先，大学知识传播者应该包罗万象，全面而又钻研；其次，大学知识获得者也应遍布全球各地，应尊重接受学生个性；最后，大学的内部管理和科研教学必须能够与时俱进。

但像我国这样一个拥有几千所大学的国家，谋求国际高水平大学的理想需要的不仅仅是政策性支持、教育资源投入和就业环境改善等外在条件，更重要的是我国高等教育进一步发展改革所选择的管理体制如何更好地适应新时代和新环境的需要。目前我国大学里，教师队伍的素质、研究水平、研究成果，决定了大学的高度与地位。如何在改革环境中梳理出政府与高校、社会与高校以及高校内部的种种关系，成为我国高等教育管理改革的出发点和立足点。因此，当代我国高校的发展需要进行师资管理制度、科研管理制度、后勤社会化管理制度、教务管理制度等高校管理体制创新，还迫切需要理顺大学与政府、政治与行政和学术、学生与教授以及就业与毕业等多重关系。可见我国高等教育管理体制改革是我国政治体制改革的延续，只有健全和完善我国高等教育管理体制的一系列改革措施，我国高等教育才能在公正、民主、自由、法治的前提下获得健康持续发展的动力。

第一节 坚持创新理念

创新是指改变旧制度、旧事务，对旧的生产关系、上层建筑作出局部或者根本性的调整变动。所以创新就是改进不好的，改正错误的、不合理的，最终达到创新的目的。创新需要清晰的价值和目标，即明确创新理念，它关系到创新的出发点和前进方向。高等教育教学是对高等教育的认知、使命、作用等基本问题的认识和看法，是对高等教育管理实践的总结和概括，具体包括管理理念、学习理念、教育教学、办学理念等方面。

一、统筹理念

在我国，任何发展都离不开一个因素，即"党政关系"。邓小平同志对这点也早有明确认识，1986 年在谈到政治体制改革时他指出"创新的内容，首先要党政分开，解决党如何善于领导的问题。这是关键，要放在第一位"。我国高等教育作为公共物品和服务的一部分，其物质载体是大学，大学的根本属性是我国事业单位，这种公益属性不会发生改变。党委领导下的校长负责制作为我国大学的领导制度，是一种"党政结合"的领导方式。党委领导作为大学政治权力的集中体现，具有全局性特征，党委在大学内部治理过程中的意见综合和宏观决策作用不可或缺。

统筹作为一个由数学衍生出的系统科学概念，主要强调的是针对一个事物发展或行为执行过程中涵盖的规划、引导、服务和扶持的完整的过程体系。统筹全局能力就是站在事物全局的角度统筹思考，洞察事物，工作谋划，整合协调，总的来说就是服务全局的能力。不顾此失彼，不因小失大，兼顾和协调全局各方面利益，使整体协调，布局合理，利益得当，人文和谐，思想协同，工作得力。那么政府对高等教育的统筹也就可以围绕这一概念展开，即政府统筹规划、引导、服务和扶持。

（一）统筹规划

对高等教育发展的速度、规模、质量、结构进行宏观管理，促进管、办、评分离，形成政事分开、权责明确、统筹协调、规范有序的管理体制。对学校布局、学科专业设置、学位授予点和继续教育发展规划：统筹研究生教育、本科教育、高等职业教育和高等继续教育，构建层次分明、类型多样、特色鲜明、充满活力的高等教育体系。

推动高等教育内涵式发展是党的十八大以来，我国基于高等教育发展的指导方针，是"办好人民满意的教育"的坚实基础，是"全面实施素质教育，深化教育领域综合创新，着力提高教育质量，培养学生创新精神"的最好保障，是"立德树人"，培养德智体美劳全面发展的社会主义建设者和接班人的关键举措。所谓内涵式发展，就是以师生身心发展为基础，摒弃高校传统追求规模、数量的粗放式发展模式，着眼于效益与质量的创新型发展道路。效益、质量与创新三位一体，其核心是实现内涵发展，重点是学科建设和制度建设，其动力源于深化创新，其保障是和谐校园建设。

（二）统筹引导

建立高校学科分类建设体系，实行学术发展分类管理；创新高校人才培养模式，提高高校人才培养质量和深度；加大对高校学术的监督和审查；统筹推进各级各类高等教育协调发展；统筹高等教育城乡、不同区域间教育协调发展；统筹编制符合要求和国情的高等教育办学资质、教师引进、招生质量等多项标准。

（三）统筹服务

深化高等教育综合创新，推动教育事业科学发展，必须以"三个满意"为出发点和落脚点，在关心国家命运、服务国家战略上有所作为，让党和国家满意；在勇担社会责任、满足社会对创新高等教育不断提高的要求上有所进步，让广大人民群众满意；在坚持以人为本、实现好维护好发展好学校广大师生员工根本利益上有所建树，让广大师生员工满意。引进国际创新教育资源，提高中外合作办学水平。

（四）统筹扶持

落实扩大高等教育办学自主权，完善我国特色现代大学制度，完善高等教育惩治和预防腐败体系，统筹健全以政府财政支持为主、社会捐助资助教育经费、有限度自主探索高等教育市场化稳定增长的机制；建立地方政府所属高校的教育职责评价制度；探索建立政府督导高校机构职责运转的机制。

建立起功能明确、治理完善、运行高效、监督有力的管理体制和运行机制。管理体制和运行机制的重大变革涉及法律制度、组织架构、权责划分、运行规则和利益调整等诸多方面，内涵十分丰富，是一个系统的制度安排。这都需要政府统筹来部署和实施。其次需要政府统筹协调政治体制创新和市场经济体制创新，使我国高等教育管理创新与政事分开、管办分离和转变政府职能等其他政治、经济、文化、社会创新密切联系，相互影响，逐步推进。深化教育管理创新，探索政校分开、管办分离实现形式。

二、参与理念

我国高等教育从建国初期的"精英"教育走向"大众"教育，是随着我国政治、经济、文化和社会环境变化不断适应的发展历程，是我国政治体制创新不断深入的体现，是社会主义市场经济创新深入人心的要求，是社会开放文明的自我需求，是我国文化传承自我提升的动力源泉。

社会参与高等教育管理创新的必要性主要有以下几方面：首先，从高校的系统性和开放性来看，高等教育作为一个系统要生存和发展，不可能封闭自我。高校需要汲取自身生存发展所需要的物质资源、人力资源和财务资源，无法忽视与社会普遍联系的客观事实。高校应立足于扩大高校的开放性，融入我国国情的现实社会中，建立社会参与高校管理的机制。其次，经济和社会生活方式的重大变革使得高等教育的大众化普及程度在不断加大，继续教育、职业教育等终身学习教育制度的不断深入人心，极大地刺激了社会参与高等教育的意识。再次，在激烈的市场竞争环境下，对人才的需求和竞争成为市场生存的不二法则。市场竞争主体，例如企业已经以极大的热情加强与高校的合作，参与到高校教育的具体实践中，寻求满足自身需要的合格人才。最后，高校自主化办学带来的就业压力和经费支出以及后勤社会化等创新也需要得到社会的支持和帮助。总之，高校接纳来自社会各方面参与自身管理是必要的且可行的。

社会参与高校管理的内容主要包括：一是社会参与高校决策，高校管理创新需要吸纳更多智慧和力量，确保高校的决策体制、运行方式、机构设置等内部事宜得到民主、科学的监督、反馈和建议，社会参与的重要性不言而喻。二是市场权力对高校权力的影响和制约使得社会参与高校管理的具体事务越来越深入。高校的专业、课程设置不断重视市场需求，高校毕业生就业市场要求高校教育管理贴近社会现实，高校内部事务信息公开，等等。三是高校的社会服务功能使得社会参与到高校教学科研等高端领域。高校与企业的合作正是社会参与的表现。我国高等教育创新是系统工程，能否在市场经济大潮中接受社会检验是创新成败的关键，我国高校要认清现实发展要求，提高社会服务功能，树立社会服务意识，把社会参与作为自身管理创新的重要内容，实现科技成果转化，提高社会知名度和权威性，满足社会需要的创新目标。高等教育需求的多样性、高等教育走向社会中心以及高等教育经费来源的渠道多元化要求社会参与，这不仅是高等教育发展的共同趋势，还是实现高等教育内部管理善治的重要保证。

三、公共利益理念

公共利益是指公众的、与公众有关的或为公众、公用需要的利益。根据《公共政策词典》的界定，公共利益是指国家和社会占绝对地位的集体利益而不是某个狭隘或专门行业的利益。《中华人民共和国教育法》第八条规定："教育活动必须符合国家和社会公共利益。"公共利益产生于人与人之间的社会联系,是公民个人利益最终的价值取向,代表着长远的、共同的、整体的个人利益。高等教育的利益主体可以分为国家、团体和个人。国家利益是指国家从高等教育的发展中获得的人才培养、科技技能输出的政治利益。团体利益是指大学的各种权力主体在博弈过程中获得的权力利益。个人利益是指参与高等教育过程和活动中的个体获得的参与权、保障权和结果权的权利利益。这三种利益主体只是基本利益和直接利益,如何协调利益冲突和分歧,寻求整体利益最大化,就是公共利益取向的理念所在。

公共利益正当性的基础是以一定社会群体存在和发展为前提,公民的受教育权是公民权利的基本权利之一。因此,保障公民的受教育权利成为公共利益取向的共性特征。高等教育的社会服务职能是公共利益至上理念的具体体现,这需要由国家法律作为保障,例如《中华人民共和国宪法》《中国教育改革和发展纲要》《中华人民共和国高等教育法》等。高等教育作为公众受教育权利的组成部分,已经从"精英"教育转变为"大众"教育,受教育群体的数量、受教育群体的文化程度已经具有社会普及性和公民自主性走向,因此高等教育创新的公共利益取向能够满足国家利益和个人利益的诉求。高等教育的受教群体不因年龄、性别、民族、肤色、国籍、经济状况、家庭出身等因素而影响高等教育知识的获取和传播,享受机会均等无差异。高等教育需要在生产知识、科技和人力资本过程中增效,实现教育产业化,进一步改善教学环境,增加教育奖学金的投入和贫困生补贴力度,促进高等教育事业的公平和正义。

高等教育管理创新涉及社会公共资源和经费的使用和调配,影响社会成员的共同利益,创新的成果需要全社会共享。高等教育创新的公益性具有公共性、社会性和整体性,包含国家层面的经济利益、政治利益、文化利益、文明利益,也包括社会层面的经济利益、文化利益、政治利益,还包括个人层面的物质利益和精神利益。追求公共利益是高等教育管理创新的核心价值理念,是我国特色社会主义高校创新的前提和出发点,是调和权力主体追求共同目标的指导原则。

四、质量至上理念

高等教育创新理念是与时俱进的时代产物,其中质量至上的学习理念源于首次世界高等教育大会的两份重要文件,作为其中的核心理念,联合国教科文组织认为高等教育质量是多层面的概念。概念涵盖了两方面内容:一方面是"层次"的问题,指的是高等教育质量是多层次的质量的统一体;另一方面是"方面"的问题,指的是高等教育质量是多方面的质量的综合体。

高等教育的系统类型通常被划分为研究型高校、教学研究型高校、教学型高校和高职高专高校。每个层次的高校所追求的质量标准和人才培养方式以及学习理念都是有差别的,这种差别本来是基于学科、专业、学术自身特点而形成的不同的质量要求。随着高校社会资源的有限性分配和政府资源集中性支配的模式演变,我国高校分门别类的层次出现了雷同化和趋同化特征,高校教育质量的层次差异化被高校自身建设发展所消弭。但社会发展过程中的社会分工和资源专属性越来越明显,对高校教育质量层次的需求面被极大地拓宽,高校教育质量层次化不明朗造成了高校就业环境恶化。解决高等教育质量层次化发展的途径除了政府统筹外,最重要的是高校自身定位。高校历史积淀文化内涵,文化内涵塑造高校人文,高校人文成就高校精神即校训。高等教育创新中的按教育规律办学就是对高校文化传承和高校人文环境自主办学的认可。高等教育多方面质量包括学生的质量、师资水平,还包括图书馆的利用率、学术讲座的质量水平、学校后勤质量服务状况以及学术环境的自由民主氛围等。

这就需要高校树立质量至上的学习理念,从教学目的、师生角色、教学内容、教学模式、教学方法、考试方法、教学观等多方面进行改进。例如提升学生的社会责任层次,注重决策观念和技能培养;以学生为本,重视知识的接受和应用及主观能动性发挥;发挥学生主体学习地位,主动探索学习兴趣和努力方向;加强教学内容的基础性,提高教学内容的深度和广度;发展学生个性,激发学生的发散性思维和创造性思维;激励合理竞争，活化教学方法，注重社会实践；拓宽学科的社会研究对象，关注科学前沿知识，拓宽学生眼界，提高学生驾驭知识能力，用知识质的提高应对量的增加。

第二节　把握职能定位

高校是实施高等教育的社会组织，主要功能是做学问、传授知识和服务社会。高校内部学科和学术活动具有相对独立、相对自由和松散的本质特点，这决定了高校本质上是一个相对独立、松散的联合体。结合我国悠久历史文化传统的特殊需要，我国大学具有"人才培养、科学研究、社会服务、文化传承创新"四项基本职能。从四项基本职能中可以归纳出教书育人是目的，科研输出是手段，个性发展是理念，服务行政是模式。

一、突出育人

高等教育承担着人才培养、科学研究、服务社会、文化传承创新四大职能任务。推动高等教育内涵式发展首先需要处理好人才培养与科学研究的关系。人才培养是高等教育的根本使命，在四大职能中居于核心地位，包括科学研究在内的高校一切工作都要服从和服务于学生的成长成才。人才培养的是人才素质，包括人格、知识、能力和体质，即德智体美。大学的核心功能是培养全面而自由发展的人才，塑造符合我国发展的合格社会主义建设人才，这是我国高校现代化建设的社会使命和至上原则。实现核心功能的途径便是知识传授，因此可以将二者归纳为教书育人。"大学之道，在明明德，在亲民，在止于至善。"培养专门人才是高校教育的本质特征，突出创新能力培养，进行科学素养和人文素养的融合，造就全面发展的人才。

首先，建立以学生为服务之本的高等教育质量评价体系，把高等教育的传授重心放在学生身上，从关注学生成长和体验出发，通过学生自主学习知识和全方位考察评价授课质量等确定高等教育教学评估考核的重要内容。培养学生具有开拓精神、竞争能力，具备复合型知识，满足市场经济发展需要。其次，高校教师有必要参与社会实践，加深自身与社会需要的亲身体验，打破高校教育内部自我封闭的认识局限。高校教师学者的社会需求体验和实践一方面可以提高学者解决实际问题的能力，丰富教学素材，将社会急需技能传授于学生；另一方面可以使学者和学生对社会需求的认知更为切合实际，注重树立学生创新能力观念培养、终身教育观念培养、基本学习能力观念培养，以学生为本的教学创新。再次，高校必须研究社会需要的各级各类各层次人才的素质结构和能力需要，为人才的社会输出提供品德培养、技能服务、智力保障、素质完善，以实现知识价值的社会转化效能，实现科技是第一生产力的理论与实践的无缝对接。

二、注重科研

高校教育的职能是在社会发展需要的基础上形成的，是社会赋予高校教育的任务和职责，是高校教育与社会之间关系的集中体现。高校作为我国科技创新的生力军，是科研竞争的前沿阵地和国家综合实力展示的重要内容，高校科研输出是确保高校人才培养、社会服务和文化传承职能的重要保证。

高校科研输出的最大化取决于高校科研管理人员的自身素质建设，涵盖知识素质、管理素质、伦理素质和服务素质等，这都需要高校完善的科研培养培训机制作保障，赋予科研管理成果转化享有权，激励科研输出的主动性。科研管理职能在通过社会输出实现科技转化的过程中需要努力实现四个能动，即能动策划、能动组织、能动跟踪和能动管理。强化科研课题设计和项目申报策划，强化科技成果转化和报奖的策划意识，强化科研部门跨学科的创新团队组建，强化社会合作企业的技术成果转化平台推广，强化科技推广的跟踪机制，强化基础研究与应用研究的有效融合。高校需要牢固树立人才培养必须以高水平科学研究为支撑的观念，鼓励教师重点开展有利于提高教学质量、推动理论创新、服务经济社会发展的科学研究，并将研究成果及时转化为教学内容。还要正确处理好科研与教学的关系，树立科研为教学服务，科研和教学为社会服务的意识，提高高校的科研实力，提升学校的知名度和学术的名誉度。

三、坚持个性发展

从本质上讲，大学管理是知识和科技的创造性组织，尤其是在我国高等教育管理创新的社会环境形势下，大学管理需要开拓进取的创新精神。只有创新精神才能塑造和铸就具有内涵式发展的高校，从而培育出个性发展的个体和团体。

从个体层面来讲，学生乃至学者，需要保持个人的思想独立、学术自由、民主平等。个性既是个体的整体精神面貌还是个体独有的心理特征，个性发展是个体独特性、创新性和主体性的实现过程。

首先，高校个体培养理想、健全人格。在个体的短期目标、中长期目标和远大理想树立和实现过程中，将个人价值、社会价值融于一体，通过高校文化载体和高校学术载体输入和输出，经过高校个体的努力奋斗和高校平台的支撑，致力于服务国家和社会。培养集体荣誉感、团结合作精神、努力拼搏意识、热爱生活态度、严谨求知志向、无畏探索倾向、全面发展思路等个性心理特征，培养人文素养、社会责任、道德良知、兴趣爱好、体育活动等社会人格要素。其次，高校个体培养创新意识和创新能力。个性发展是创新精神的基础，创新精神的目的是以人为本，以人为本的核心是个性发展。经过对高等教育知识接触、传授、探索和考究，高校个体结合个体兴趣和喜好，通过对知识真理的探求，势必带来创新活力和创新意识及能力的注入，高校个体的事业心、责任感和使命感便在个性的培养过程中自然而然形成。再次，高校个体拓宽眼界、开阔思域。高校个体借助高校知识平台和高等教育交流计划，能够把握世界最先进知识的前沿，了解人类发展困境中的障碍，接受国内外先进思想知识的洗礼，总结归纳个体立志追求的方向，树立个体人生崇高理想的目标。最后，高校个体活力四射、自我约束。高校个体在身心健康发展的同时，应抵御社会思潮的诱惑，完善自我约束，注入时间和精力，运用年轻活力和创新精神，争取个人价值的实现和社会价值的体现。

从学校层面来讲，高校需要树立自身的教育特色和人文底蕴。一是丰富高校自我精神。挖掘高校的历史文化传统，吸收现代大学的办学理念和思想精华，传承高校精神，明晰高校使命。二是树立高校独特观念。秉承高校校训，加强对每届师生的校史教育，学习高校学术大师、学术大家的人格魅力和开创精神，尊重师德，传承高校先辈的奉献精神和学术追求，强化本校的责任感、荣誉感。三是健全高校文化制度。完善高校章程，推行制度创新，将高校精神和高校行为文化融入制度设计中，体现到师生行为中，用制度督导高校文化的自我渗透。四是完善高校标识建设。充分利用高校的校旗、校歌、校徽等文化符号的视觉效果，制定高校标识使用规范，开发设计高校独特的文化产品。例如高校信笺、邮票台历、纪念品、纪念册、公文样本模板、校务公示样板、高校录取通知书、成绩单和奖励证书等。五是创新高校文化载体。运用高校事务如校庆、运动会、毕业典礼、新生入学等仪式，弘扬和传播高校独特文化内容。创建高校品牌学术讲座和高校名家论坛，丰富高校文化内涵建设，通过高校文化载体如 BBS、图书馆、教学楼、校舍、校内微信、学生社团等，营造高校全面丰富而又个性鲜明的文化氛围。

四、着眼服务行政

高校"服务行政"是指高校行政权力以高校全体师生员工等高校利益相关者的真实需求为服务风向标，为其提供创新满意服务为首要职能，不断完善服务保障制度和服务体系的管理模式。

高校服务行政必须遵循有限性、法治性、民主性和有效性原则，树立以人为本的理念，重视高校学术权力的诉求，增强服务意识；通过沟通与协调的民主平等对话机制，致力于高校教育质量发展，推动高校学生的全面发展，紧密联系高校与其他社会组织的交流与合作；设计符合现实需要的行政服务管理制度，将高校自由发展权力归还于高校权力各主体，最终实现行政权力与学术权力关系的有效融合、行政权力与学术权力的相互信任、行政权力与市场权力走向良性互动。

高校服务行政必须协调学术权力与行政权力的相互关系。首先，二者的合理性需要兼顾。学术权力的独立行使是高校学术自由、民主管理、公平公正的建校根基；行政权力的管理履行是高校管理效率和运行秩序的基本保障。二者只有实现动态平衡和互助共享才能实现我国高校自主发展的目的。其次，二者权力边界需要明确。根据高校章程，建立相互分工、互相合作、相互制约的关系。再次，二者作为高校权力系统的内部构成要件，学术权力作为高校权力的基础，行政权力必须为学术权力服务。最后，高校的政治权力创造组织体制保障和构架，行政权力是"制度性权力"，学术权力是"权威性权力"，行政权力需要通过制度设计确保学术权力应有的地位和权威，明确政治权力的问责协调定位，才能实现高等教育内部权力运转的畅通与高效。

第三节 构建权力结构

高等教育管理创新作为一个系统工程,相互制衡的权力结构的构建是该工程不可或缺的子系统之一。对于整个高等教育管理的大系统来讲,内部与外部两个环境相互作用。外部环境包含诸多因素,比如国家和政府调控、人民和社会需求等,但在这诸多因素之中,市场是核心和关键。经济体制创新是全面深化创新的重点,核心问题是处理好政府和市场的关系,使市场在资源配置中起决定性作用和更好发挥政府作用。让市场行使参与权是抓住外部环境中市场的关键,是发挥市场在高等教育资源配置中决定性作用的重要举措。

一、参与权

从历史发展过程来看,市场权力在我国高校发展过程中处于遮蔽状态,主要通过学生报考志愿、报考专业、大学生就业等途径展示市场权力对高校发展的影响力,相对乏力。从历史发展趋势来看,市场权力在我国高校管理创新过程中发挥越来越大的软实力作用,持续走强。比如,逐渐形成了以公办高校为主、社会各界广泛参与、公办学校和民办学校共同发展的我国高校办学体制,实行市场机制的学费制度、就业环境和人才竞争;我国高校的专业、课程设置不断重视市场需求,公办高校与私立高校的竞争也风生水起。市场经济发展大潮中的经济意识、主权观念、竞争意识、自由精神、宽容态度、平等观念和共赢博弈正在我国高校不断上演。市场权力的构成主体是宽泛且多元,是我国高校自我体系外的多因素综合体全方位展示,有国家需要、社会需求、市场刺激,也有国际化和全球化过程中的不断要求。市场权力的参与权主要通过以下三个方面行使。

首先，市场权力要求高校教育服务质量贴近现实需求。我国高校毕业生数量在不断增加，近两年增速略有下降，但总量也不断创新高，毕业生就业压力大已成为不争的事实。学生就业情况严峻，高校的教育质量需要更加适应市场的需求和变化，重视学生参与市场经济活动的能力和条件，摒弃盲目以自我为主的办学理念和不求上进的教育观念，需要发挥政治权力在我国高校发展中的调控权。其次，市场权力要求创新高等教育服务。随着我国经济发展的不断进步和我国居民家庭支付能力的不断提高，高等教育资源作为最有潜力和最有回报的市场，对外交流的范围和深度正在我国不断增大。最后，市场权力要求大学信息透明公开。信息公开是把知情权、参与权和监督权结合在一起。伴随着我国政治体制创新的步伐，更充分的信息不仅服务于保护消费者的目的，而且也可以提高生产者的效益。产品的质量信心可以激励生产者投资于质量改进，进而更好地在市场上参与竞争。我国近年来陆续有单位或团体发布我国大学排行榜，这种全面丰富的"消费者导向"排行信息公布，需要我国高校的学校声誉、学生保持率、学术研究成果、专业排名等多维度和多指标的权重展示，这些事关高校教育质量信息的大量公开需要我国高校行政权力发挥管理作用和调控作用。

二、问责权

问责权体现了高校所具有的政治性特点。我国高校构建合理制衡的权力结构，不是简单地剔除国家和政府对高校的控制权，而是为了以党委为代表的政治权力能够找寻适合自身的权力领地，正确发挥高校"举办者"作用。

首先，明确党对高校的领导地位。高校的政治权力是国家权力在高校中的具体展示，决定着高校发展的基本性质，决定着高校人才的培养目标以及高校人才培养标准等重大课题。其次，确保高校相对独立的办学自主权。高校政治权力实际是政府权力在高校的延伸和扩展，要改变全能政府的管理理念和态势，向服务型和有限型职能转变，赋予高校办学自主权，坚守政治权力应尽的权利和义务不越界。最后，创新高校政治权力观念。在公共管理理念盛行的当下，我国高校的政治权力主体——校党委也应顺应时代要求，树立宏观调控理念。校党委将不再以统治者的身份来治理高校，而是充当合作者的身份。由事无巨细的微观管理演变为关注所有权力和权力主体的利益，鼓励教师、管理者、行政人员、学生、学生家长、社会用人单位、校友等人士参与高校治理，建立广泛吸纳各方利益的代表参与治理机构，使这些利益相关者平等参与高校治理。政治权力作为高校行政权力、学术权力和市场权力的体制保障，可以探索西方国家的高校决策联席委员会模式来调控高校行政权力运行和保障学术权力自由，通过市场权力的检验和反馈，创造符合时代要求和国家发展所需要的特色高校。

三、管理权

行政权力是确保高校运行效率和运行秩序的必要机制。高校行政权力管理权划定是为行政权力在高校运行过程中设置合理的权力边界，即通过以校长为首的行政管理人员的管理工作，提高学校履行职责的效率。高校的行政权力以校长为代表，主要体现在行政组织协调工作，其管理目的、管理运行方式及管理结果反馈都要求校长为代表的行政权力具有高校大局观，保证整个高校的运行有序，正确发挥高校"办学者"作用。高校行政权具有一元性特征，一所大学只能有一个行政权力系统，权力的运行是自上而下逐级实施，最后实现行政权力的目标。高校办学规模的不断扩大和内部管理的日益复杂都给行政权力的发挥带来了挑战。

高校的行政权力致力于实现人才培养、科技进步、社会服务、文化传承创新四大职能，可以通过两个方面来实现。一方面，代表国家和政府管理学校，发挥管理者职能，主要通过科研、教学来实现合格人才培育、人才智力发挥、研究型与实践型科技成果孵化等社会价值实现过程输出；另一方面履行高校内部自我管理的掌控者形象，主要通过协调组织机构运行、完善自我管理模式、提高高校内部资源配置、构建高校特色文化底蕴等自我价值实现过程流转。上述行政权力管理职责活动原则必须以高校政治权力为依托，以学术权力为基础，以市场权力为标杆，实现高校的内涵式发展。高校行政权力履行要摈除高校行政化中不利因素，坚守高校管理章程所限定的管理权限，强化高校行政权力的服务意识，创造高校学术权力充分发挥的制度环境和人文环境，实现高校与政府、社会、市场的和谐共处。

四、专业权

学术权力是大学精神的体现，是大学内在逻辑的客观要求，是大学本质特征的外化，也是建立现代大学制度的核心。学术权力以高校学术委员会为代表，参与主体是高校教师，主要依靠学者自身的权威，采用自上而下的运行方式是高校权力的基础。学术权力意味着在决定招生、考试、毕业和科研等方面拥有不可动摇的地位，就是让最有资格学习的人进入高校，了解他们是否掌握了知识，是否应该获得学位，是否有资格服务社会。行使专业权至少包括高校的课程设置、教学自主权、教育评价权和文凭认定权，这就需要高校成立学术委员会、学位评定委员会和教学工作委员会等高校内部团体组织来实现学术权力的独立行使。

（一）学术委员会

由科技处和研究生部负责人以及各学院和重点实验室具有正高级专业技术职称的代表组成，承担学术决策职责，包括学术水平评价、科研项目申报、科研项目评审、学术道德评审、学术规范教育、学术诚信教育、学术不端行为审查等。

（二）学位评定委员会

以学科分布为主，由科技处和研究生部负责人，以及各学院和重点实验室具有正高级专业技术职务的代表组成。承担学科学位评定职责，包括审议学位点申报、学位授予、学位撤销、指导教师审查等。

（三）教学工作委员会

审议学校教学工作规划和重大教学创新方案，指导全校教学工作；审议学校专业建设、课程规划、教材编订、实验室及实践教学基地建设；审议教学奖项评审，推荐各类奖学金；审议学校教学管理规章制度；审议学校教育教学研究及项目课题申报；开展教学调研等。

学术权力肩负高校生态系统中的特定组织使命，力求实现教学自由、学习自由、研究自由，与行政权力一并主导高校内部事务的决策，尤其对行政权力干扰学术自由权的行为活动必须坚守持之以恒的学术理性和自由平等的学术资格，重视学术权力的基础建设和学术人才的自我权益保护。

第四节　健全机构设置

高校作为一个组织存在，组织架构和制度安排必不可少。我国高校创新基于创新理念和职能定位以及对权力结构制衡的思量，在科学合理决策体制之下，需要实施合理的机构设置满足创新的需要。正确的创新理念要求机构设置多元化和民主化；精准的职能定位要求机构设置简约化和扁平化，建立科学合理的横向组织机构；制衡的权力结构要求机构设置制度化、规范化和程序化；科学的决策体制要求机构设置开放化和时代性。我国高校的机构设置主要包含决策治理机构、行政执行机构、学术自治机构和监督反馈机构四大类。分别是高校政治权力、行政权力、学术权力和市场权力职能行使的载体，是权力运行有效的制度安排，是高校创新理念的现实选择和职能定位的理性判断。

一、决策机构

由于我国高校的政治权力与行政权力被统一为行政权力，政治权和行政权的权力制衡使得决策机构和行政机构必须相互独立。实际上，我国公办高校目前还没有成立专门的决策机构，即高校决策联席委员会。高校决策联席委员会包括：高校党委、教育机构代表、教师代表、学生代表、校友代表和社会知名人士代表等。高校决策联席委员会的组成首先是高校内外构成主体和外部联系紧密者，决策联席委员会的成立和职能行使依据高校章程的具体规定，其常设机构是高校党委办公室，下设三个处，即共青团、国有资产处和组织处。高校决策联席委员会不介入高校具体管理过程，根据高校章程阻止行政权力的越界，问责学术权力的违章，以及调和二者权力冲突。高校决策联席委员会融合了行政权力、学术权力、市场权力和政治权力的代表，进行高校内部自我控制与管理，自我决策、自我审视自身发展过程中的问题和重大事项。高校决策联席委员会的召开程序和成员构成及决策制定和实施均由高校章程规定，是高校总体决策和方向性、政治性的决策机构。

二、行政机构

高校的行政执行发起人是校长。校长办公会包括校长、行政各处处长，主要针对高校内部事务进行行政执行，召开的频率更高，参与执行的人数更多，执行的效率更高，关注的对象更细，主旨是服务高校、服务师生、提供保障。校长办公会的常设机构是校长办公室，负责组织、安排和协调校长办公会的召开、高校事宜以及对外事项发布。在高校章程的制度安排下和政治权力的委托代理关系下，成立以校长为首的行政执行机构。下设人事处、财务处、医务处、总务处、就业处、保卫处、外联处等校级层面行政服务保障机构和各学院里设置的院级层面行政服务机构，学院办公室由辅导员、学院行政主任等行政人员构成。

三、学术机构

在高校章程的制度设计和保障下，成立学术委员会、学位委员会和教学委员会三大学术自治机构。分别设有学术工作部、学生工作部和教学工作部，管理高校的图书馆、电教中心、实验室等，涵盖高校学生的招生、录取、选课、学术活动、学生活动、学习安排等。高校各学院也分别成立以上学术工作部、学生工作部和教学工作部的下属机构，自主管理高校师生的学习、活动、学术、科研和对外交流。高校各学院院长是学术型人才和管理才能的代表，是学术权力的代表，不依附于行政权力而自主实施管理，以三会的内部宽松的学术氛围和松散的组织形式来满足本院学生对德智体美等各种技能的学习需求。

四、监督机构

在高校章程的制度设计和权力制衡体系中，成立校友会、校企联合会、工会、纪律检查委员会和审计监察处等监督反馈机构。监督反馈不受行政权力和学术权力的影响和制约，有向高校政治权力，即高校决策联席委员会提请重大事项审核和问责的权利义务。监督反馈机构既要监督反馈行政执行机构的机构设置和职责行使，也要监督反馈学术自治机构的机构设置和职能监督，配合高校决策治理机构做好高校自主发展的协同工作。

第五节 保障运行机制

高校是一个系统，由高校内部、高校领导人和高校外部三个组成部分。高校外部是高校实现高校善治的外部环境；高校内部是高校善治的结果；高校领导人是连接高校内部善治与高校外部参与反馈的桥梁，校长产生机制又受到高校外部和高校善治结果的影响。

高校内部运行机制，体现决策、执行、监督的组织结构：高校决策联席委员会、校长、学术委员会。①高校决策联席委员会：由利益相关者组成，决定大学的战略与发展；②校长：战略执行人，行政首脑；③学术委员会：战略和运行结果的监督者。这三者通过政治权力、行政权力和市场权力相互影响制约，相辅相成，合作共存。高校外部运行机制，主要指大学外部资源的获取机制，例如大学党委、学术委员会、学位委员会。主要资源包括资金、资源和人才。获取方式既可以是通过市场竞争，也可以是通过行政分配。所以，高校外部运行主要涉及的是大学与政府、社会的关系；评价标准是大学能否机会均等获得外部资源，特别是政府公共资源。高校外部运行机制合理与稳定要依靠法律和法规，即通过法治来实现。具体来讲，运行方式的高效有赖于科学决策体制的建立、和谐外部关系的营造和有序内部关系的理顺。

（一）优化机制设计

决策体制是决定运行机制是否高效的前提和基础，优化机制高效运行的顶层设计，就是要探索大学决策体制的范围、决策内容以及决策实施等活动，决策体制要服务高校办学定位和大学精神，决策内容要针对大学办学自主权和办学风格等宏观层面，决策实施要配合管理制度和高校章程的具体规定，决策机制要结合高校内部权力运行机制而布置安排。其中学校办学模式和办学水平的确立是决策的核心与前提。

在行政化高校管理模式下,大学决策体制是高校政治权力与行政权力统一成高校党委领导下的校长负责制,完全听命于所属政府机构,具体包括学校创办、校长任命、高校经费来源乃至高校教学科研等具体决策内容。同时,高校内部决策系统主导高校发展,也是基于科层制的管理模式,实行"校—院—系—室"四层管理,部门负责人实施行政长官负责制,隶属关系明显,实施行政权力运行的组织结构。政府主导高校决策体制,高校内部运行来自政治权力意志表示,高校内部评价标准和依据也是政治权力价值标准和权力价值依据的再现。我国高校教育创新正是基于创新行政化高校管理决策体制和建立现代大学制度的出发点进行的,"探索建立符合学校特点的管理制度和配套政策,逐步取消实际存在的行政级别和行政管理模式。"为了解决党委领导下的校长负责制决策体制带来的政治权力和行政权力泛化,规范权力运行,推行专家治学,鼓励决策参与,需要重构高校内部决策体制。

首先,完善高校党委领导下的校长负责制,深化高校决策联席委员会和校长负责制两个决策体制。高校党委和校长的民主集中制决策体制可以深化为高校决策联席委员会和校长负责制两个决策体制以避免政治权力和行政权力的混淆和结合。高校党委作为学校政治权力的核心,其权力来源于国家,在高校中处于统治地位。我国高校党委肩负重任,总揽全局,协调各方,统一领导,主要是把握正确的高校办学思路,确定高校办学目标,明确高校办学任务,体现出我国高校的四大职能,实现高校的内涵式发展。高校决策联席委员会是以高校党委为主导,由高校内部各团体和部门的党员构成,职责很明确:遵守高校章程,把握高校方向,抓好大事,做好协调沟通。该委员会不设实体机构,仅设高校党委作为实体组织,负责委员会的召开、组织、成员资格审核、会议发布等具体工作,为高校决策联席委员会服务。不参与、不干涉、不过问高校内部管理,只负责行政权力越权纠正(高校章程)、学术权力与行政权力调和、政治权力问责权行使。我国高校校长作为高校的法定代表人,在高校章程的明确界定下,积极行使行政职权,全面负责高校的内部管理和组织建设。

其次，提升学术权力，体现大学精神。我国高校决策体制的健全与否最重要的课题是培育学术权力的权力地位，成为行政权力的平等制衡权力。学术权力的主体是学者，按照高校章程，保护学者个体学术权力的学术自由，使学者成为自身学术工作的主导者和发起者，不依赖于行政指导，靠市场权力奠定自身学术权威。根据高校章程，建立自我评价和选拔机制，实施扁平化、非集权、松散的自主管理模式，通过学术机构（三会）即学术委员会、学位委员会和教学委员会来主导和行使高校学术权威，实现学术自由。

再次，推动制度创新，树立高校章程崇高地位。民主和法治是时代进步的标志，更是大学发展的基础，建立现代大学制度就是要保证大学的学术自由，营造兼容并蓄、和而不同的学术环境和氛围。高校章程是高校的最高法则标准和权力界定规范，是现代大学制度的最重要载体，也是高校政治权力、行政权力和学术权力的关系和纽带，涵盖信息公开制度、质询制度、人事罢免制度、问责制度、激励制度。针对高校校长负责制下的决策体制，需要遵守依法治校、民主管理，这是社会主义政治文明在大学的集中体现。具体表现为：第一，行政决策主体参与多元化。广泛鼓励高校师生参与学校的发展和建设，使决策科学化、规范化和专业化。扩大高校教师的权利，教师拥有自主治学权和参与决策权等相关权利；要提升学生在高校内部管理中的地位。学生是大学决策的利益相关者，学生应该而且有能力参与决策；适当削弱行政人员的权力。充分吸收校外各界人士参与高校决策，实现大学管理民主化和治理多元化。第二，决策过程参与民主化。推行校务公开，既要公开决策过程，还要公开决策结果。根据高校章程管理办法对凡涉及师生员工切身利益、需要师生知晓以及高校管理规章制度等事项，均应通过高校的网页、BBS、校报、公示栏、微信等媒体媒介及时准确公开。第三，决策反馈沟通协调。建立决策事前意见征集、决策流程沟通、决策意见诉求归集、决策结果反馈改进机制。保持信息沟通顺畅和回应解答及时。

（二）营造机制外部环境

机制高效运行环境的构建主要着眼于两个关系的处理，一是与政府的关系，二是与社会的关系。和谐外部关系的营造一方面要弱化政府与高校的关系。首先，从高校的本质属性来看，政府与高校的监管与被监管的角色定位需要重新审视。高校是国家教育发展的重要组织，基于高校教育事业的公益属性，政府作为国家的管理机构必须对高校进行监管管理。政府监管权与高校自主权是我国高校教育管理中的一对矛盾体，过多监管势必扼杀高校自主权，过分放权也将难以保证高校发展的正确走向。为了实现政府监管权与高校自主权之间的适度平衡和职责定位，需要弱化政府在高校发展过程中的直接监管权力，转换成契约形式的制衡监管较为合理。

现代政府理念主张有限政府、法治政府和服务型政府，目前我国正处于事业单位创新的攻坚阶段，我国高校按照《中共中央 国务院关于分类推进事业单位创新的指导意见》中的事业单位类别划分，承担高校教育等公益服务，划入公益二类。这就意味着高校的公益属性和市场属性需要被同等重视，要发挥市场配置资源在高校教育发展中的作用。在市场经济条件下，我国高校不可能脱离市场而存在，高校中的市场因素已经开始显现。例如，教授聘用的价位已经远远超过政府对高校教授事业单位编制工资的限制。同时，高校也不能被市场掌控，不能完全推向市场，不能失去培养高素质人才的公益目的性。为了保证高校发展不脱离社会主义的方针政策，最终实现国家人才培养计划的国家利益，政府对高校的监管是必要监管。必要监管即由政府直接管理转为间接管理，由微观管理转为宏观调控管理，由严格从属地位管理转为平等契约制衡管理。政府通过明确的权利义务内容来监督约束高校，就可以达到政府与高校的适度平衡。其次，从高校的发展历程来看，政府与高校的教育行政管理模式需要变革。我国高校教育管理自新中国成立就采取高度集权的管理模式，同时政府作为高校的出资者和举办者，政府管控沿用计划经济体制传统，加之我国数千年的官本位思想的传承，我国高校行政化是一个不争的事实。我国高校在整个构成和运行方面与行政机关的体制构成和运行模式有着基本相同的属性。我国高校接受政府行政管理的统一模式、统一标准和统一步调，自上而下进行建设和发展，形成了高校办学自主权的本末倒置。高校内部行政人员成为学校运行的核心，教学科研人员丧失了对学校的支配权，导致高校主体出现混乱。

为了确立高校学术权力本位，实现高校行政权、学术权和民主管理权相互制衡和监督，改变高校作为政府附属机构的历史地位，需要转变教育行政管理职能。政府不能使其行政权力触及高校的内部管理事务中，政府需要充分尊重高校的独立主体地位。政府只需要在高校自主权的约束方面进行教育目标、教育质量、人才培养、教育经费等方面进行详细约定。允许高校自主制定教育计划、自主开展科学研究、自主确定内部机构设置和人员、自主管理和使用财产。政府对高校的管理主要职能是制定高校教育发展规划、进行宏观调控、提出指导建议等，不干涉高校内部事务，从而形成合作关系。有的学者认为市场经济环境下国家对高校教育的干预和调控活动是市场调节机制的一个必要补充手段，其目的是完善高校教育的管理体制和运行机制，其性质属于宏观性的第二次调节。

营造和谐外部关系的另一方面是要密切高校与社会的关系。高校作为知识组织，其职能在于通过教学传承知识，通过科研创新知识，通过社会服务应用知识。传承知识、创新知识、应用知识都是服务于学生和社会。塑造学生人性、完善学生人格、培养学生技能从而为社会发展提供智力支持保障是大学的崇高使命。高校的外部运行机制包括政府、家长、社区、教育机构和就业市场等多因素对高校发展和决策的资源交换和流通，在独立政府作为高校产权代理者的身份属性前提下，弱化政府与高校的关系，高校通过何种方式和办法加强其他社会资源的获得和输出成为高校发展的集中指向。

高校与社会的关系在不同的社会发展过程中呈现不同的表征，从农业时代的社会体系之外到工业时代的社会体系边缘再到知识经济时代的社会中心，高校与社会互动发展、渗透结合、共赢共存是源于二者的交集。高校的科技创新和人才优势能够形成产业化和信息化，这恰恰满足了社会自身需求，在社会区域经济发展、产业科技进步和谋求发展的基础上产生互动。互动的内涵包括合作项目、教育基地、继续教育工程、工程研究中心、远程教育、科技园、绩效技术和管理理念等多方面。高校教育不断适应社会发展的要求是二者互动的动力基础，合作共建联合机构是二者互动的运行保证，通过政治、经济和法律手段进行调控落实现代社会与高校的关系可以概括为社会需要和资源输送来满足高校内部发展，高校秉持开放、自由、民主的精神充当社会前进的精神导师。

但是高校与社会的密切联系是建立在高校独立自主办学的前提下，即高校是为社会服务的教学科研中心，不是社会中企业的一分子，高校办学自主权、财政自主权是基于政府投入和问责调控，不会用市场规律来主导高校发展。高校对国家和社会的文化和精神等无形资产以及基础知识研发和社会公共利益至上的教学理念是大学必须坚守的阵地。与此同时，社会对大学的认同和资源投入是有条件的，要求更多的社会参与和决策反馈。

高校与社会的这种"若即若离"的良性互动关系可以表述为："若离"是思想、理智活动的独立和对高校外部运行机制保持相对独立；"若即"是高校与社会密切联系，互融互洽。高校与社会的良性互动主要表现为，一方面，社会是高校的外部环境和基础，高校以社会为存在前提，汲取社会文化和社会资源完善自身；高校的人才培养和科技输出对象是社会，以满足社会需要和人类发展为社会价值追求。另一方面，高校作为社会的中心力量，指导社会体系的健全和完善，同时接受社会体系的适度介入和环境影响。

我国高校教育管理创新中的运行方式需要接纳高校与社会的"若即若离"的良性互动关系。高校毕业生要在生源市场、教师市场和院校市场中保持竞争力，高校必然要提高学术质量，采用最有效的学术管理办法，否则就会面临生存的危机。考虑到学术知识的复杂性和动态变化性，我们认为在竞争性的学术市场中专业的自我管制仍可能是最有效的保证学术标准的方式。同时社会融合到高校教育的知情选择权、参与权，能够从多层面和多角度参加高校决策和高校管理的具体工作，平等地位的参与权，使个人和社会利益与高校团体利益形成利益共同体，促进高校与社会和谐发展，形成开放、负责、宽容和平衡的互动状态。

（三）建构机制内部设计

高校教育管理创新运行方式的关系理顺中，内部关系是创新成功的重要保证。大学管理根本上是以学术为中心的管理，其目的是促进学术的发展。学术管理的基础是学术思想的自由和探索的自由，发挥学术权力的主导作用，贯彻学术自由、民主管理的原则，在大学内部营造民主的宽松的学术氛围，为科学创造提供良好的学术环境。理顺大学内部关系主要是协调行政权力和学术权力的关系，落实高校办学自主权，遵照高校章程，依赖高校内部合理的机构设置，实现高校善治。本质上来讲，理顺高校内部关系是多中心化治理过程。

首先，健全和完善高校章程。高校章程是高校内部权力运行的法制基础，是大学内部权益相关者制度化规范文件，是大学管理运行纲领性指导。高校章程必须对高校内部政治权力的问责权的行使、行政权力行使管理权的界定、学术权力行使专业权和市场权力行使参与权等相关制度性规定落实，为高校管理创新提供法律依据。其次，优化高校内部决策权力结构，确保学术权力在学术管理中的主导作用。明确三会的具体职责，行使学术范围内的决策、管理、监督、实施和咨询职能，加强三会组织建设、人才建设、制度设计，依据高校章程坚守学术道义、大学精神以及校训。建立质量为上的学术评价制度，建立公开、透明、公正、严格的聘任、晋升、科研激励制度，让学术管理回归学术本位。凸显严谨求实的学术态度和风气，确保学术评价活动的独立自主评议。再次，完善大学校长负责制，提高行政管理水平。依据高校章程，完善规范大学校长行政权力的行使范围和权限，使其专注于服务学术、服务学生和服务学校的目的。大学校长应具有教育管理能力和现代管理能力，行使对大学行政事务的全权处理，接纳吸收市场权力的决策参与咨询、意见反馈，公平处理校务与学术的从属与主体定位纠纷，尊重学术、尊重教授、重视人文建设。促进高校内部组织机构设置扁平化，提升行政管理人员的服务意识和业务技能水平。完善高校人事制度、后勤管理制度、财务管理制度、信息管理制度等行政管理具体制度。

第六节　我国高等教育管理创新的措施

一、高等院校教育管理的创新思路分析

在高等院校进行教育管理创新的过程中，需要明确基本的创新改革思路，编制较为完善的计划方案，采用科学合理的方式开展相关的创新管理活动，全面提升整体管理工作效果，达到预期的创新目的。具体思路包括以下几个方面。

（一）树立正确的创新观念

在传统的高等教育管理过程中，相关部门一直保持行政管理的地位，在高等教育管理方面，相关管理体制多为行政类内容，虽然一些高校已经展开教育管理体制改革，但未能全面解决深层次的教育管理问题，所以在教育管理改革的过程中，必须转变传统的思想观念，打破传统观念的局限，树立创新改革高等教育管理的思想意识，使其向着社会化的方向进步，在促使管理主体社会化改革的基础上，提高管理效能的社会化水平，我国在高等教育管理的工作中渗透社会政治以及经济改革内容，以此促使高等教育的相关管理制度以及内容向着更好的方向发展，全面提升其创新改革水平，达到预期的工作目的。

（二）转变政府以及行政管理部门的职能

当前，在高等教育管理工作中，政府部门在教育管理方面的行政干预性较强，学校的办学自主权很小，在一定程度上会导致其难以适应市场经济的发展需求。所以，需要尽快转变政府部门的职能，对办学管理权力进行开放性处理，以此转变高等教育管理工作的形式以及体制。此类问题出现的主要原因是多数高校都为国家主办，在国家出资办校之后，政府会对其进行直接管理，认为没有政府的管理就不能尽到自己的责任，这种错误观念会导致高校的教育管理缺乏自主性，难以更好地促进相关教育管理工作的实施与发展。因此，在实际工作中应当重视政府职能的转变，从原来的直接干预、过度管理转变成为监督以及协调，结合社会的发展趋势以及高等院校自主化管理的必然发展需求，编制较为完善的计划方案。在此过程中，政府部门对高等院校的教育工作进行宏观管理，可以根据群众利益、社会发展需求等向高校的教育工作提出更高要求，并非直接进行内部运行流程的控制与管理，不对高校内部的日常事务进行直接的干预，应重视对高等院校教育事业发展方向的指导，提出明确的教育质量标准。与此同时，还需结合高等教育管理需求，制定完善的规划方案以及法律制度，展开教育经费的管控工作，正确落实教育质量的评估以及监督等任务，以此加大教育管理工作力度，满足当前的实际工作要求，达到预期的管控目的。

（三）创建与社会主义市场经济相适应的教育管理体制

对于教育管理体制而言，在实际创建的过程中，要求其与社会主义市场经济之间呈现出相互适应的发展局面。根据市场经济环境的发展特点，对传统的高等教育管理体系进行调整以及改革，致力于培育专业素质较高、创造创新能力较强的人才，全面分析劳动、知识市场的人才需求，更好地开展高等教育活动。在此过程中，高等院校需要将自身作为独立的实体，实现自我支配、约束以及协调发展的最终目的。在社会主义市场经济发展的过程中，高等院校与市场经济活动之间的联系需要保证科学性，规避盲目联系等相关问题，在政府部门引导的相关宏观计划活动以及市场调节活动中，将高等院校作为纯公共产品的供应载体，满足当前的高等教育管理需求。

在相关的社会主义市场经济环境当中，高等教育管理工作应协调政府、学校、社会市场之间的关系，在自主办学的基础上，积极引导市场，形成良好的教育管理体系以及模式。一般情况下，政府部门在宏观调控的过程中，主要采用计划方式、行政方式、法律方式以及经济方式，对高校的教育方向以及教学活动、结果等都具有调控作用，而高等院校在自主办学的过程中，除了要接受政府的宏观调控之外，还需强化自身的市场活动作用，将价值规律内容、等价交换原则以及市场运作机制等融入其中，在高等教育管理的过程中深入融合市场机制，使其可以适应社会化的供需变化，凸显自身的特色优势。与此同时，高等院校面临外部竞争压力、内部利益驱动，需要提升自我的积累、发展、约束以及完善等综合实力，除了通过自主办学凸显特色优势，提升教育管理水平之外，仍需积极地创建横向联系以及合作关系。在高等教育管理的过程中，市场概念主要表现为：其一，外部市场，其中包括社会用人单位以及用人单位中介交换关系，例如人力资源市场、资金市场等；其二，内部市场，其中包括内部活动中的市场现象、要素以及关系等内容，在一定程度上，外部以及内部市场之间存在紧密联系，应结合市场发展特点与趋势，创建完善的高等教育管理机制与体系，满足当前的教育管理创新发展需求。

（四）完善教育法制体系

依法执教是我国现代化教育发展的必然趋势，早在 1993 年，我国就提出了相关教育改革以及发展纲要，明确要求依法执教的相关教育发展战略，将依法建设作为高等教育管理中的"内在技术基础"，满足了高等教育管理创新改革的内在发展需求。通常情况下，依法执教的基本前提就是有法可依，目前我国虽然已经形成了较为完善的教育法律框架，但是框架在立法工作方面还处于编制与完善阶段，难以更好地引导高等教育管理工作依法处理。在我国主张扩大高校办学自主权的过程中，已经提出了明确的法规内容以及条例，成为高等教育管理创新控制的宏观外部条件，对高校的内部改革以及自我约束等内在管理机制提出了更高的要求，否则将会导致高等院校的教育管理工作面临难题，难以满足当前的发展需求。因此，在高等教育管理创新发展的过程中，应树立正确观念，创建相关的法治体系，在合理立法的基础上，采用法律规定维护管理主体的社会地位，对相关的管理权限进行合理划分，在明确各方面责任义务的情况下，遵循有法可依的原则，以此促进高等教育管理工作的有序进行，全面提升整体教育管理工作效率及水平，以达到预期的工作目的。

二、高等教育管理的创新改革措施

在高等教育管理实际创新的过程中，应制定完善的创新改革计划方案，树立正确观念，遵循与时俱进的发展原则，全面促进高等教育管理创新改革工作的稳定落实与合理实施，达到预期的工作目的。具体创新改革措施包括以下几个方面。

（一）明确高等教育管理的创新改革内容

创新是时代发展过程中的必然趋势及要求，任何工作的实施与发展都离不开改革创新，一旦缺乏创新，就会被淘汰。尤其是高等院校的教育管理工作，属于复杂化的系统工程，只有合理地对高等教育管理工作进行创新改革，在传统教育理念的基础上进行改革变化，才能促使高等教育工作满足时代发展需求，实现科教兴国的最终目标。在此过程中，高等教育管理创新是新时期发展背景下的必然趋势，只有合理地对教育管理工作进行创新，才能满足市场、社会经济发展对于高等院校提出的更多要求。

第一，在思想道德素质教育环节中开展创新工作。高等院校需要系统性地对政治理论课程进行设计与安排，系统化地将社会实践操作活动融入其中，创建较为固定的思政教育实验机构，将课堂教育活动与社会实践操作活动有机整合，形成一体化以及层次化的发展模式，使学生在学习政治理论基础知识以及相关道德修养知识的情况下，全面了解社会变化情况，提升其社会实践操作能力，为培养综合素养复合型人才夯实基础。

第二，从专业文化素养培育方面入手进行教育管理。高等院校在教育管理创新改革的过程中，需要重视大学生专业文化素养的培育，及时更新教材内容，选择个性化以及多元化的教材，积极适应社会发展的相关人才培养需求。在对课程进行设计的过程中，应遵循与时俱进的原则，重点培养大学生的创新能力，充分发挥课程多元化设计的积极作用。与此同时，应重视教学方式的创新改革，遵循精练性的教学原则，不再对所有内容进行全面的讲解，而是重视重点内容的教授，留给学生充足的空间以思考、解决问题，培养其自主学习能力以及专业学习素养，满足当前的教育工作要求。为了培养社会需要的人才，还应在教学内容中融入科技教育元素，增加学生参与相关科技活动的机会，例如可以定期召开学术探讨性会议，科学研究成果展示类型的会议等，使学生在参与相关会议活动的过程中，形成正确的科技思维与创新意识，更好地参与专业知识学习。

第三，重视大学生学习能力的培养。高等院校在对教育管理进行创新改革的过程中，需要重视大学生学习能力的合理培养，全面提升其自主学习、团队合作、人际交往以及社会服务、创新能力，满足新时代对人才提出的要求，在培育创新型人才的基础上，使大学生的综合能力满足社会发展以及时代发展需求。与此同时，高等院校在教育管理创新过程中，应遵循科学化的发展原则，根据大学生的素质特点与身心特点等，创建高等教育管理的创新改革模式，满足当前的实际工作要求，达到预期的管控目的。

（二）创新教育管理观念意识

在全球一体化的时代背景之下，我国对高等院校的教育管理工作提出了新要求，除了需要广阔的视野之外，还应当提高开放性程度，使高等院校的教育管理工作向着国际化的方向发展与进步。在此过程中，高等院校应当调整以往的工作思路，对目前的教育环境进行全面的分析，利用教育创新以及开放性管理方式开展工作。首先，高等院校属于社会"教育产品"的主要供应方，需要与需求方之间相互联系，结合需求方的实际需求，了解工序变化特点，更好地开展教育管理工作。其次，在现代化的经济社会中，对高等院校所提出的需求具有动态变化特点，多数企业都要结合生产组织以及经营的变化状况选拔人才，此时高校应遵循开放性原则，全面掌握企业人才需求的变化情况，对教学方式与内容进行及时的调整与革新，以满足社会的人才培养需求，达到预期的教育管理目的。与此同时，市场经济环境呈现利益主体多元化发展趋势，高校已经从以往的投资主体单一化模式转变成为多元化体制，国家不再是高校办学的投资主体，高校可以利用多种渠道筹集资金，与多种利益主体联系，更好地完成自身的服务工作。在此过程中，需要对管理理念进行改革创新，要求高等教育管理人员除了要成为政治方面以及教育方面的专家，还需要成为企业方面的研究专家，从企业发展角度以及教育发展角度出发，对教育管理工作进行创新以及改革，把握高等教育管理的发展规律，从企业发展的角度统揽全局，促进高等教育的开放性管理与创新性发展。

（三）对教育管理制度进行创新

制度创新属于高等教育管理工作中较为重要的任务，尤其在社会信息化发展、经济全球化发展、教育大众化发展的背景下，高等院校应重点关注教育管理的创新改革，通过合理的创新方式提升高等教育管理工作水平，满足当前的发展需求。首先，在高等院校的扩招过程中，应充分利用自身的教育资源，为社会培养出更多的优秀人才。尤其在社会科学以及经济发展的进程中，人们的生活质量逐渐提升，社会的就业需求逐渐增加，终身教育理念初步形成，这对高等教育管理提出了更高的要求，需要相关教育管理部门结合自身的发展特点与规律等，做好各方面的教育管理创新改革等工作，全面提升教育管理工作水平，以达到预期的工作目的。其次，在高等教育管理创新的过程中，需要全面了解目前管理制度与体制方面的问题，遵循科学化的分析与研究原则，在明确问题情况的基础上,对高等教育管理制度进行合理的创新及管控,协调各方面工作之间的关系,以满足当前的教育发展需求。

(四)建设高素质的教师人才队伍

教师是高等教育管理创新的依托与载体,只有建设高素质的教师人才队伍,才能更好地完成目前的教育管理创新任务,因此高等院校应树立正确观念,充分意识到教师人才队伍建设的重要性,采用科学合理的方式对其进行改革完善。首先,应完善制度内容,采用最佳的措施开展管理工作,将激励制度、提升薪资水平、岗位晋升等方式作为主要的人才留用手段,预防教师人才流失。在此过程中,仍需积极引进教师人才,增强队伍的稳定性,并培养相关的教师人才,以此提升整体综合素养。为了更好地完成教师人才队伍培养工作,相关部门应当将奖惩制度、考核评价制度、综合评价制度等融入其中,通过分流以及交流等形式,确保教师人才队伍的纯洁度以及可靠性,打造具有综合素养的人才队伍,为高等教育工作的实施以及发展夯实基础。其次,应当对社会发展情况进行全方位的分析与研究,遵循以人为本的发展原则,结合社会需求,对教师人才队伍进行优化改革。例如,聘用行业中的精英人员到学校中兼任教师,主要因为其不仅具有较高的行业技术能力以及丰富的理论知识,还有着深刻的理性思考以及亲身的职业体验,有助于将自身的实践操作经验与教育知识有机整合,更好地为学生讲解相关知识内容,提升教育工作的可靠性与有效性。除此之外,行业精英还对行业以及社会最新信息较为了解,有助于增加课堂教学的信息量,缩短学生与社会之间的距离,引导大学生全面了解社会实际状况,树立正确的观念认识,自主分析社会相关问题,形成思考问题的能力,为其后续的岗位工作夯实基础。另外,高校应当重视国外智力资源以及相关师资力量的合理引进,组建符合高等教育管理创新发展的教师人才队伍,全面提升整体教育管理工作的水平及价值。

（五）提高自身的自主办学能力

在高等教育管理创新发展过程中，高等院校应重视自主办学能力的形成以及提高，总结丰富经验，创建科学化的自主办学工作体系及模式，面向社会，落实自主办学相关制度以及规范，争取更多的自主决策权力，在建设高素质教师人才队伍以及行政管理人才队伍的基础上，正确界定学科标准与教育管理标准，明确教育管理的计划要求与发展方向，合理完成工作任务，提升决策的科学性与管理工作的有效性。与此同时，在自主办学的过程中，高等院校应编制较为完善的计划方案，遵循科学化发展原则，充分发挥自身在办学以及教育管理方面的积极作用，全面提升办学的自主性与积极性，为其后续发展夯实基础。

第三章　高校教育教学概述

高校教育教学是高校教育实现教育目的、培养专门人才、体现社会价值的各种具体活动表现方式之一，是高校教育最主要的组织活动。高校教育的其他活动都是围绕教学而展开、为教学服务的。任何教学活动都是一个历时性的过程，是一个目标差异大、参与要素多、各种影响复杂的教育实践体系。这个教育实践体系的各个构成要素经过多种形式组合、为实现各个目标而发挥作用，不同要素组合在不同环境下运行又使高校教育教学形式丰富多彩。

第一节　高校教育教学本质及其特征

一、高校教育教学的作用与功能

高校教育教学的作用与功能就是教学活动的基本目标与任务，它主要源于三个方面：教师的需求目标、学生的需求目标、社会的需求目标。以前，受高校教育教学活动的社会本位思想影响，一些国家特别是实施集权式管理的国家，其高校教育教学活动的作用与功能被"国家化"甚至"政党化",教师就是国家对学生实施教育驯化的工具,而学生则是被教育驯化的对象。但在高校教育逐步发展、受教育人群日益扩大的形势下,社会本位的教学功能不断弱化,"以人为本"的教育思想占据越来越重要的地位。所以,教学活动的目标必须同时考虑教学活动主体,即教师和学生的个人需求,教师通过教学传播知识,促进自我的进一步探究,同时引导学生获得专业技能的训练,从而获得满足与成就感。学生通过对社会愿望、个人兴趣以及基本能力的综合考虑,主动接受高校教育,参与教学活动,以达到身心和智力的全面发展。社会对教学活动的需求可能是具体而分层次的,教师和学生对教学活动的需求可能是抽象而含糊的。对这种矛盾冲突的认识和化解有利于教学方法创新。

二、高校教育教学的主体与环境

高校教育教学的主体与环境是教学活动赖以开展的基本条件。教学主体就是有目的、有意识地进行教学实践活动和认识活动,并在教学活动中确立和体现主体地位的现实的人。这里的人包括三层含义:现实的人、动态发展的人、个体与群体相统一的人。因此,学生也是教学活动的主体之一。教学环境是相对于教学主体而言的,它包括教学活动中除主体之外的一切物质的、时空的、媒介的关系等方面,尽管环境在教学活动中处于从属地位,但对其实现教学目标有极其重要的影响。

三、高校教育教学的形式与内容

高校教育教学的形式与内容往往表现得最为具体、生动,既反映内容与形式的对应关系,也反映形式与环境的协调关系,还反映教学活动直接主体(教师与学生)与间接主体(教学管理者)协商一致管理的特征。单从教学活动形式来看,就是内容、环境、主体的统一,如课堂教学、课外练习、社会实践就是三者关系的不同组合结果。如果从教学活动主体的作为来看，则有讲授活动、听课活动、师生研讨活动等，每一种活动，各自主体地位的表现是不同的。高校教育教学内容是与教学目标紧密相连的，尽管目前我国高校教育教学的计划性正在减弱，但总体上依然比较强，也就是说从国家或社会本位出发对专门人才的知识、技能体系有一个制度设计和进程安排，教学内容按照这些制度和进程逐步展开。现在，我国开始注意发挥教师和学生的主动性，对教学内容的选择权有所放开，但与教师自主裁量教学内容和学生在完全学分制下自由选择教学内容还有相当距离，至少学生的职业规划与学校的学业指导工作短时间内难以跟上。

四、高校教育教学的特点与过程

高校教育教学的特点与过程是联系在一起的，教育与教学是一个循序渐进的过程，世界上没有任何一种瞬时性的教学活动，过程性本身就是教学活动的普遍特点，因此很多学者用"教学过程"代替"教学活动"，专注于研究高校教学过程而不刻意研究高校教育教学活动也是可以理解的，只是过程性特点不为高校教育教学所特有。所以，将两者混淆是不合理的，无论是对高校教育教学活动的瞬时考察还是从教学效果分析，高校教育教学活动的特点都是十分明显的，具体有如下一些特点。

其一，专业性教学与综合性认知相结合。高校教育与基础教育的最大不同就在于知识的专业系统性，属于建立在基础教育之上的专业教育：教学目标和内容按照不同学科专业领域的知识体系进行设计，教学组织形式也分专业进行。同时，高校教育教学活动的综合性认知也十分明显：在专业性教学内容与教学情景中，学生的知识、能力、素质得到全面培育，即使是一门十分专业的课程，在课程设置、活动设计中，也安排有一定分量的基本素质和能力训练的内容和项目，教学活动对学生的影响是综合性的，对学生的培养是多方位的。

其二，隐性教学与显性教学相结合。高校教育教学活动对人才培养的影响作用趋于多样化，传统课堂的直接影响、作业与练习的直观影响等属于显性活动部分，还有许多潜移默化的教学活动，比如学术报告会、参观学习、社会调查、教师对学生得体的表扬或批评等，这些看似不像规范的教学活动属于隐性教学活动，它的教育意义和对学生的影响绝不只是现场表现出来的结果，而要比现场深远得多、广泛得多。教育中的所谓"启发""养成"，其实就是对这种隐性教学活动功能的表述。

其三，教学活动与科研活动相结合。科学研究活动是人类有意识地探究世界的实践活动，我们说高校教育教学活动是一种接近于人类认识世界实践活动的有效组织方式，本意就在于表明高校教育教学活动不是纯粹的知识传授活动，也不纯粹是师生交往与情景感悟活动，而是有目的地引导学生学会认知和探究世界的方法、训练基本的认知能力的活动。如果说本科生教学对这方面的要求只是初步的，那么研究生的教学则是典型的认识已知与探求未知的统一，就是教学活动与科研活动的统一，教师和学生在各自的教学活动任务中都可以实现认识已知与探索未知的结合。

五、高校教育教学的构成要素

高校教育教学是一个以动词为主的、内涵比较宽泛的偏正词组，它可以指由学校为实现人才培养目标所组织的任何行动。由于各校、各学科专业的人才培养目标、质量规格、层次要求不同，高校教育教学活动也表现出较大的差异性。但就每一个具体教学活动单元的结构来说，它们又有许多相似性，即都是由若干基本相同的要素所构成的开放性系统，不同教学情景就由这个系统的要素的不同组合产生。

关于高校教育教学活动构成要素的研究，历来有不同的争论。有的从共时性角度分析而有的从历时性角度分析，有的从关系角度分析而有的从表象角度分析，有的从深层结构分析而有的从表层结构分析。不同的分析角度决定了不同的分析结果，以至于出现从"三要素说"（教师、学生、教材）到"七要素说"（学生、教学目的、教学内容、教学方法、教学环境、教学反馈、教师）的巨大差异。客观地看，这种差异是正常的，特别是更加精细的结构要素划分，只要在逻辑上没有包含或遗漏，精细的分析应该得到提倡。联系高校教育教学活动的几个特点，我们认为一个比较完整的具体教学活动应该由教学主体、教学目的、教学信息、教学媒介、教学组织、教学环境六个要素构成。

（一）关于教学主体

以前往往以机械认识论为理论基础从施教与被教角度考虑，认为教育参与者包括作为教育者的教师和受教育者的学生两个方面，即教学主体是教师，教学对象是学生。这实际上忽视了高校教育教学的特殊性，因为隐性的教学效果、探究性的教学活动都依赖于学生主体性作用的发挥，所以教师与学生是高校教育教学活动的共同主体。

（二）关于教学目的

这是任何教学活动的基本要素，只是不同目的有层次上的高低差别。即使是高校教育的教学活动，其目的也有层次之分，比如一个专业培养方案中的教学目的，一门课程的教学目的，一节课的教学目的，等等。就教学方法研究需要而言，这里的教育目的主要指一个课堂之类的教学活动的目的，其中有比较抽象的一般要求，也有比较具体的内容、技能目标。

（三）关于教学信息

以前通常用教材以及教学内容来表示。但实际上，教学内容有一部分应该包含在教学目的之中，作为目标性任务加以明确。同时，教材是教学内容的传统载体，而鉴于现在高校教育可供使用的教学材料日益丰富，来源途径远多于教材，故教材在高校教育教学活动中的地位越来越微不足道。

（四）关于教学媒介

教学媒介就是教学方法及实施方法的手段，由于现代教学技术在飞速发展，传统的方法归纳已经不能准确反映教学活动实际，很多现代教学设施、技术被应用到高校教育教学活动中，其究竟属于什么方法，尚未明确界定。因此，人们称其为教学媒介，既包含了传统意义上的教学方法，又包含了现代教学技术，它是传递教学知识、信息，增强教学信息刺激强度，提高教学影响效果的途径。

（五）关于教学组织

没有组织就没有活动，就一个教学活动来讲，教学组织不可缺少。在什么样的时间和空间、由哪些教师和学生参与、参与人员的规模以及教师或者学生在教学时间内的教学秩序维护等，都是教学组织的内容。还有教学评价，但它属于教学过程与质量管理范畴，不属于教学活动的内容。

（六）关于教学环境

高校教育教学环境对教学活动的影响越来越大，根据教学活动的需要，不断对教学环境进行必要的调节和控制，有利于教学活动的顺利进行。经过选择、净化、提炼和加工处理的教学环境有利于教学主体实现追求真理、掌握知识、发展身心等目标。

六、高校教育教学模式

（一）"集中式学习"的教学模式

相对来说，集中式学习是一种较为传统的教学模式。集中式学习是以教师为中心，即由教师根据教学计划中统一规定的课程内容和教学时数，把学生集中到一起按照学校的课程表进行分科教学的一种组织形式。该教学模式强调教师的主导作用。当教学规模不是很大时，集中式学习这种组织形式相对来说是比较经济、有效的。

在这种组织形式下，教师的主导作用易于发挥，便于教师组织、监控整个教学活动的进程，这是其一；其二是有利于教学管理，使教学有目的、有计划、有组织地进行；

其三是有利于自然学科的学习，自然学科中许多内容需要进行演示、分解和剖析，有些内容需要学生亲自去感触等；其四是有利于学生之间以及师生之间的情感交流，充分体现情感因素在学习过程中的重要作用。尽管集中式学习有上述优点，但它在高校教育教学活动中存在的弊端又是十分明显的，首先，这种教学模式无法解决学生参加学习时存在的工作与学习的矛盾、家庭与学习的矛盾以及分散居住与集中学习的矛盾；其次，它忽视了成人学生不同于其他学生在学习活动中的自主性和独特性；再次，集中式学习方式过分强调标准化、同步化、模式化，整齐划一是这种学习方式的目标追求，对成人学生知识的扩展会产生不利的影响。针对学生在学习过程中凸显的矛盾和问题，要真正保证教学效果、提高教学质量，就必须对现有的单一教学模式进行改革。

（二）"分布式学习"的教学模式

随着经济形势和信息技术的不断发展，社会总体人力资源的需求形势也发生了巨大变化，对各类高素质、高学历的专业技术人员的需求提高到了一个新的层次，对高校教育提出了更高的要求，并使得传统的教学模式受到了极大的挑战。

新的信息技术在教学活动中的应用，计算机网络的发展能够使教学内容得到有效的远距离传递，学生可以不必像以往那样，全体集中到一个地点，由教师面对面地传授知识。电子邮件可以支持学生之间、师生之间的交流与合作，解决学习中的问题，开展各种讨论，教学模式不再单一，因此"分布式学习"的教学模式便应运而生，并迅速以自上而下的政策推广形式，借助国家高校教育政策手段投入各地办学实践。"分布式学习"是远程教育的建构主义，采用建构主义的学习环境的设计思想，将传统的以教师为中心改变为以学习者为主体，着重于为学习者提供丰富的资源建立自己的认识和理解。人们将这种新的远程教育形式称为分布式的学习。

目前对"分布式学习"的教学模式的理解有几种观点：在美国及很多国家的学者认为"分布式学习"和远程教育是一样的，指的是各种不同于面对面教学的教育；还有学者认为，"分布式学习"是指开放和远程教育在传输课程时逐渐向使用新信息技术的转变；另有观点认为，"分布式学习"可作为人机交互工作的一个整体。尽管对"分布式学习"有各种不同的描述，但"分布式学习"实际是一种教学模式，它强调的是"分布"，强调为学习者提供灵活的、突破时空限制的教育，适应社会经济发展以及对人才的需求。"分布式学习"教学模式的出现，使面对面教育和开放远程教育之间的边界逐渐消失而趋于融合；做到了以学习者为中心，更有效地促进学习者的学习；使人们认识到要根据时空分布方式的变化调整学习和教学策略；"分布式学习"强调的是学习环境，学习者分处在不同环境中，有着共同的任务，在"分布式学习"环境中共同合作完成学习任务，学习是不同环境的分布，不一定受限于正式的机构设置。

随着教育的全球化，"分布式学习"环境也要具有国际化思维，适应来自不同文化背景的学习者。可以说"分布式学习"是未来学习方式发展的一个新趋势。也有人认为"分布式学习"模式可以结合传统课堂教学应用，结合远程教学应用或可用于创建有效的教学课堂。学生可能是身处远方，参加远程教育，也可能是集中式学习中的一员，但他们在索取资源，汲取知识时，所利用的资源不仅仅局限于教师或者某个机构，而是充分利用现代信息技术，利用分布在各个不同地方的资源，使学习资源远比以往的单纯的传统课堂授课方式要丰富得多，所以"分布式学习"强调的是资源的非集中化。另外，"分布式学习"的教学模式除了可以使学习者获得丰富的资源外，还可以是传统课堂授课方式的补充和灵活运用，如可通过电子邮件交作业、答疑，通过网络与教师、学生甚至专家进行交流和讨论，等等。这一教学模式在成人教育教学活动中的优势十分明显，首先它解决了成人学生在学习中存在的工作与学习、家庭与学习、分散居住与集中学习的诸多矛盾，同时丰富了学习资源，学生获取知识的渠道更加宽广，教与学的方式变得更加灵活，学生学习的自主性也得到了加强，对于学生的发现性学习和研究性学习能力的培养也起到了很好的促进作用。

第二节　高校教育教学观念及其发展变化

一、高校教育教学思想观念及其核心内容

（一）高校教育教学活动主体

教师主体论起源于以赫尔巴特为代表的"教师中心说"，是长期统治教育研究与指导教学活动的主导流派。该派观点认为，在教学活动中教师是唯一的主体，学生是用来供教师加工、改造的，与教学内容一起构成教师教学活动的对象，属于教学客体。学生主体论源于以约翰·杜威为代表的"学生中心说"，其基本观点与教师主体论相反，认为教学活动的唯一主体是学生而不是教师，教师和教学内容都是被用来塑造和加工学生的，是其成才的工具性对象，是教学客体。而教师学生双主体论则改变了前述单一主体论的思路，提出教师和学生都是教学活动的主体，在一个完整的教学活动内，就对教学效果的最后影响来说，分不清教师的能动作用大还是学生的能动作用大，只能是两个主体并存，共同协调的结果。这时，教学内容、教学设施、教学环境等就基本上属于辅助性的东西，属于教学客体。

其实，对教学主客体的辨析有一个基本的逻辑起点，这就是从哲学引用过来的主体概念是基于什么哲学观点的，是本体论的观点还是认识论的观点。显然，从本体论出发，只能有一个主体，而从认识论出发，选择的认识活动角度不同，就会得出不同的主体结果。教学本身就是一个复杂的系统，从教学作为社会活动实践关系出发，毫无疑问教师是主体，学生是客体；从教学活动的价值关系出发，很明显，学生必然是主体，教师是客体；从认识活动的全面关系出发，则教师与学生都属于主体，客体只是那些主体之外的教学活动要素。提高对教学活动主体的认识，有利于调动教学活动要素的积极性。那

些单方面强调教师主体地位的观点,对教师工作积极性、主动性与责任心有极大的激发作用,但很多情况下,教师的一厢情愿往往达不到教学效果,久而久之,教师的这种积极性也会消解。那些单方面强调学生主体地位的观点,有利于激发学生的自我教育、自我学习、自我塑造,也有利于教师在教学中贯彻促进学生全面发展的理念,但如果缺乏教师的正确引导,学生往往也不能得其门而入,最后效果并不如意;教师和学生的双主体地位,可以比较全面地调动教师和学生在教学活动中的积极性,根据实际需要各自发挥应有的作用,共同完成教学任务,实现教育目标。按照高校教育的教学活动特点来看,这种双主体观念更符合教学实际。教师和学生在教学活动中主体地位的认可,不是什么权益之争,而主要在于责任的归属。教师和学生对于那些作为客体的已知知识、未知知识的认识与探求是共同的,因此在这种"既认识已知又探索未知"的高校教育教学活动中,教师和学生属于共同的主体是不应该有疑问的。

(二)高校教育教学活动主体关系

一般来说,任何活动都存在主体与客体的关系,如果按照两种单一教学主体的观点,无论谁为主体谁为客体,都是主客体关系。但是,高校教育教学活动主体是双重的,不同主体之间必然构成一定的关系,因此很有必要探讨教学活动的主体关系。至于高校教育教学活动的客体,在双重教学活动主体前提下,它与主体之间的关系比较简单,一方面服从于主体的需要,另一方面充当连接两个主体的纽带。

1.高校教师

高校教师是教学活动任务的具体组织者、承担者。教师群体是高校履行人才培养职能的直接人员,他们还在自己的专业领域肩负着科学研究和社会服务的使命。高校教师作为一个群体概念,包含所有在高校从事与教学活动相关的专业人员,既有教学第一线的任课教师,也有以科学研究为主要任务的研究人员,还有实验、实践教学以及教学活动组织管理第一线的教学辅助人员。高校教师作为一种社会职业者,具有较高的社会地位和重要的教学主导地位。人们常常把高校的人才培养和学术水平看成一个国家文明进步的标志，对履行这两项职责的高校教师寄予厚望。另一方面，在高校教育教学活动中，教师对教育内容的选择、对教学活动的调节、对教学进程的把握、对教学手段的改造等起着主导作用。因此，教师是教学活动的主体。

总之，高校教育中教师肩负着比较多的教学职责。第一，要肩负传授知识，引导学生掌握学科专业基础知识、基本理论和基本技巧，培养和发展学生智力和专业能力的职能。第二，要在教学活动之中通过隐性手段启发和培植学生良好的道德、情操、意志与美感，关注学生的全面成长。第三，要精心组织和设计教学活动，不仅要注意课堂教学活动的组织，还要有由课堂延伸到课外的答疑辅导、作业评判以及相应的实验和实习、实践。第四，为了更好地服务和改进教学，必须不断地开展专业领域的科学研究和教学研究，以引领学生及时了解科学前沿，改善教学方法，丰富教学内容。在这些基本职责中，最基本的两项是教学和科研。能否成为比较合格甚至优秀的教师，关键就在于这两项职责的履行情况。这两项职责任务完成得好，不仅可以相互促进，还可以带动其他职责更好地完成。实际上，中外高校都有不少教师并不能比较好地兼顾两者，相当多的教师把自己的教学目标定为传授课程知识、介绍本领域的概念和方法，很少关心学生的一般智力发展和个性发展。他们作为教学内容方面的专家，与本领域的其他人共同具有专门化的知识、概念、话语、方法，但作为教师，尤其是本科生的教师，他们则难以与学生形成共同认可并乐意接受的训练方法和丰富教学活动的知识和理论。

高校教师肩负的职责决定了他们的劳动特点。这就是教学手段的自主性与教学活动的示范性、教育对象的能动性与教学情景的复杂性、教学过程的长期性与教育影响的滞后性、教学方式的个体性与教育成果的集成性。面对这些特点，有的教师可能会表现出无可奈何，有的则从积极方面进行力所能及的改进，由此形成个人教学风格。比如以教学内容为中心的，以尊重学科为特点，重在教给学生系统的知识、原理；以教师自我为中心的，则相信自我的榜样作用，让学生陷入角色模拟的境地；以智力为中心的，则以训练学生的智能为目的，一切的知识、环境都只是用来训练的道具，知识、技能本身不是追求的结果。这些都是有特点的教师，还不是"全能的教师"，比较良好而全面的教学活动，应该是教师的知识、师生现实的探究、教师引人入胜的个性、人格和激励学生学习动机能力的高度复合。可见，当好一名高校教师实属不易。

2.高校学生

高校教育教学活动的主要参与者除了教师就是学生，不仅高校的教学如此，任何学校教学活动都离不开教师和学生，二者缺一不可。学生的积极参与不仅丰富了教学活动的内容与形式，也在很大程度上决定着教学活动的最后效果。高校学生的构成是十分复杂的，而且随着教育大众化的推行、终身教育观念的深化和学习化社会的建立，到高校接受教育的人群越来越多，学生构成也越来越复杂。一般来说，高校教育的学生不分种族、地域、性别，在年龄上处于青年中期，个体的生理发展接近完成、心理变化趋于稳定，自我意识日益增强，已经接受了基本的基础教育。但这只是高校学生的基本规定性，实际上，世界各国高校的学生要比这复杂得多。就我国来说，目前本专科学生在主体上大致符合以上的规定性，随着高等教育政策的调整和大众化教育的发展，以及更多少年的提前入学，高校学生在年龄、心理、生理等方面均已突破原有规定和认识。如果将硕士、博士研究生考虑在内，则这种基本界定就显得更加局限和狭隘。

参加高校教育的学习，是解决和了解学生的学习目的和动机的重要依据。高校学生的学习目的、动机是高校教育教学活动的重要影响因素，也是学生作为教学活动主体的主要标志。只有那些目的明确、动机纯正的学生才能在高校教学活动中发挥积极的主体作用。无论高校教育关于人才培养目标的理想设计如何，学生的实际学习目的与动机不一定与之完全合拍，但学生的要求只要是合理而可行的，就应该得到满足。研究表明，多数大学生认为，他们学习是为了取得职业的或专业的训练，获得发展自己和个人兴趣的机会，最终能够获得较高的收入。学生学习的态度与方式倾向是什么，这个问题的回答涉及学生的多个方面。首先是目标决定态度，基础决定方法，情感决定倾向。目标明确的学生其基本态度是积极的。知识基础、能力基础强的学生，其学习方法、参与程度必然得当。依赖性、独立性、表现型、沉默型等不同情感类型的学生，其对教学活动的态度与影响也不完全相同。

（三）高校教育教学活动主体关系模式

教学活动也被理解为教学主体之间的人际交往活动。高校教育教学活动拥有多个主体，每一个教学环节都包含了各教学主体交往的关系，每一对主体关系动力的平衡与消长，都影响着教学活动。高校教育教学活动具有明显的个体性与综合性特点。这就是说，教师的教学既是个人的劳动表现，也是群体的劳动表现，一个教师不可能教好一个班级，培养出一批人才，甚至不可能完整地教好一门课程，必须要有教学助理、实验人员以及班主任等相关辅助人员的共同参与才行。学生的学习也是如此，纯粹单个人的学习有时不能很好地完成，强调开展主体性教学，所依靠的不只是单个学生的主体性，还包括建立在每一个学生主体性发挥基础上的协作教学、合作探究。所以，高校教育的教学主体实际上有 3 对主要关系：师生关系占主导地位，师师关系和生生关系居于次要地位。

师生关系是任何学校教学活动都普遍存在并引起高度重视的一种行动主体对应模式。它是以教学任务为中介，以"教"与"学"为手段构成的特殊社会人际关系，是高校教育最基本的、在教学活动中占主导地位的人际关系。对这种关系的认识也在不断发展变化，就其结构来说，传统的理解就是教师对学生"一对一""一对多"的主从关系，在高校教育教学活动中的表现就是：在课堂教学上，教师读讲义、做演算，学生记笔记、做练习；在课程设置上，必修课多于选修课；在教学管理上，实行学年制，对所有学生按一个标准来要求，个体差异没有受到重视；等等。历史经验和教训告诉我们，认识和建立新型师生关系对高校教育的教学来说十分重要。在这种新型师生关系中，教师与学生是"一对一""一对多""多对一""多对多"的复杂网络系统，这个网络系统功能的全面发挥，就是高校教育教学活动的全部任务与追求目标。

师师关系就是高校教育教学活动中所涉及的教师群体内部之间的多边关系。人们对高校教育教学活动中的师师关系的关注度不够，但凡谈到教学关系，必论师生关系。其实，高校教育教学活动中，师师关系的作用非常大，这是与初中等学校、其他培训学校完全不同的。由于这种关系的构成具有长期性、利益性、人格性等特点，所以尽管关系网络不会很庞大，但文人相轻、学术流派、师承传统、利益之争等情况常常发生，甚至影响教师的教学。这是从对立性看的，再从合作性来看，哪怕是一门课程甚至一节课，主讲教师与助教之间、理论教师与实验教师之间、教师与教学调度人员之间等的配合关系，都会直接影响教学活动的开展及其效果。所以说，一个和睦的教师群体对于高校教学活动的有效开展十分必要。

生生关系是由高校教育同辈学生相互之间组成的多边联系。这种关系也被称为同学集体，它可以由同年级同专业的学生构成正式的稳定关系，也可以由相同学科专业不同年级的学生以学术爱好为基点构成稳定的师兄弟姐妹关系，还可以由教师主导创立诸如电子协会等主题组织关系。生生关系的形成具有随机性，但一旦形成，就表现出比较稳定的态势，这种态势不仅在学生大学学习期间有相互促进、影响的作用，还会在高校教育结束后延伸到社会活动中。生生关系对教学活动，尤其是对学习活动的影响是全方位而且深刻的，被认为是仅次于学生个人行为的力量。当然，这种关系结构的规模大小、质的差异性等内在特征会在比较大的程度上决定其对教学影响作用的发挥。

二、高校教育教学思想观念的演变

高校教育教学思想观念具体通过人才观、质量观和效率观等来表现。新时期以来，我国高校教学思想观念更新始于恢复正常秩序的最初几年，其主要表现为向过去学习，重拾或实现新中国成立后逐步建立和形成的教学思想。

（一）培养人才观念的形成

高校教育的根本任务是培养人才，而人才培养的主要途径是教学活动。改革开放以来，通过"红专论争"确立了知识本位的高校教育思想观念，但高校教育似乎又一下从"广阔天地"回到了"象牙塔"。同时，教学和科研使命又在高校展开了激烈的地位之争，这使高校教育成为教学和科研"两个中心"的发展轨迹渐行渐远。实际上，很多学校和教师更加重视深度高的科研工作,对教学工作重视不够,教师的教学职能发挥不够。随着国家对人才培养质量的关注与重视,人们开始重新认识和反思高校教育教学和科研的关系,进而确立了教学在学校工作中的中心地位。无论什么高校,首要任务是人才培养,科学研究也要肩负起人才培养职能。高校教育教师必须把教学放在第一位,切实履行教师的基本职业职责。随着世界高校教育发展和科技、社会进步对人才培养规格新要求的不断提出,能力本位观点越来越受到重视,学生需要成为、社会更需要知识全面、技能过关的高素质人才。因此,对教学活动提出了新的要求:一方面是出于理论教学与实践教学的关系问题的考虑,既不能忽视理论教学又要加强实践实验教学,另一方面也是出于协调学校教育与社会教育的关系,既不能在学校教育与社会教育之间走极端,也不能过多增加学生的时间、经费、心理等学习负担。于是,新的教学中心地位理论逐步得到丰富和发展,在校内强调理论教学与实验,在科研活动中培养学生能力,在校外加强实习实训基地建设,建立产学研究机制。

(二)逐渐形成以专业教育为主的教育思想

一般认为,国际上本科教育大致有两种教学模式:一种是以德国为代表的专才教育模式,学生在校学习时间较长,既打基础,又进行实践训练;另一种是以美国为代表的通才教学模式,学生在校学习时间较短,主要是打基础,实践训练放到大学毕业以后。我国最先主要采用专才教学模式,创新开放后逐渐发现专才教育模式的许多弊病,开始注意学习通才教育模式。同时,这两种模式自身又不断变化和交融。

一般认为,现代专业教育思想源于美国国家功利主义视域下的科学主义高校教育哲学。兴起于20世纪初的以实用为标准的功利主义教育观影响了美国几十年,美国十分重视高校教育教学的科学功利。1978年我国召开的全国科学大会提出"向科学进军",迎接科学春天的到来,这使刚刚恢复的高等教育深深打上科学主义的专业教育烙印,此后一直成为国家教育方针政策以及学校教育教学工作的重要指导思想的构成元素。但培养学生一技之长的专业教育思想很快受到素质教育思想的挑战,因为国内外的人才成长及使用实践表明，仅有一技之长的人并不能担当高级专门人才的重任。随着世界科技的迅速发展，学科专业高度分化后再高度综合成为发展趋势，人才培养与社会工作越来越复杂化，特别是"曼哈顿计划"反映出社会工作对人员合作、协调、组织能力等综合素质的要求越来越高，不仅要具有扎实的基础、宽广的知识面、较强的能力，而且要具有良好的思想政治素质和道德水平，以及健全的身体心理素质。

以自由教育、人文教育、普通教育等形式出现的综合素质教育思想得以萌生，传统意义上的专门人才培养模式、观念逐渐被"拓宽专业口径，增强适应性"的呼声和"通识教育"的理念所取代，仅仅重视科学技术的"精、深、专"为"德才兼备""文理兼备"的人才目标所取代。随后，华中科技大学率先提出以人文素质教育为突破口，中共中央和国务院出台专门文件推进高校教育全面素质教育，并建立了一大批国家人文素质教育基地。人文素质教育并非只对理工科学生进行人文科学知识传授，而是对所有学生加强人文品格、人文精神的全面教育，是通识教育的具体体现。

（三）提高终身学习和终身教育观念

按照传统的职业教育观念，高校教育在教育序列中毫无疑问就是人一生的终结性教育活动。但由于世界科技发展的日新月异以及世界性社会工作的不断变化，由联合国教科文组织的系列报告引发，以素质教育思想为理论支撑的终身教育、终身学习观念逐渐渗透到高校教育领域，高校教育究竟是终结性教育还是基础性教育一时成为学术界的争论热点。特别是高校教育达到大众化甚至普及化程度之后，高校教育的基础性就更加突出，高校教育只能为学生未来成为科技人才、从事科技职业打下知识、能力和继续学习的基础，而不能为未来准备好所需的一切，因而高校教育人才培养必须更加重视比较宽广的学科领域、比较扎实的基础知识、比较强的学习和研究能力，也必须为在职人员提供大学后继续学习的条件。

（四）以学生为本的个性化教学观念逐渐生成

一场世界性的学习革命，使高校教育教学模式也必须适应受教育群体的历史性变化，这是高校教育教学创新的直接指导原则和方向。具体而言有如下表现：由单纯的掌握知识转变为更加注重智力发展和能力培养；由单纯的、狭窄的专业知识和能力培养转变为同时注重拓宽知识面，培养具有包括外语能力、经管能力、交往能力等多种能力的复合型人才；由单纯注重统一的培养规格转变为同时注重发挥学生的多样化特长和学习潜力；由偏重理论知识转变为同时注重实际知识，进一步强调理论与实践相结合；等等。

因材施教，促进人的全面发展是一条基本教育原则。为了克服计划时代"标准件"式的高校教育人才规格和培养过程中的固有缺陷，突出学生在人才培养中的主体地位，在教学管理、教学环节、教学方式等方面也要将统一的、封闭的、固定的人才模式变革为多样化、个性化的教学过程和教学形式。既努力拓宽专业口径又坚持按专业培养人才，既制定人才培养目标和基本规格又给予学生充分自由的发展，既坚持教学工作的计划性又给予学校、专业、教师和学生较大的灵活性。在教学管理上，推行学分制，实行选课、选专业等灵活的制度和政策。

三、高校教育教学思想观念变革的趋势

进入 21 世纪以来，随着我国高校教育大众化进程的不断推进，高校教育条件保障机制等方面遇到了难以预料的困难，由此引发的人才培养质量争议成为高校教育的热门话题。政府和高校教育回应这种社会争议的积极举动就是实施"高等学校教学质量与教学创新工程"，试图既改善高校教育的条件保障状况，又注重将物化的环境与条件转化为人才培养所必需的制度建设，不断推进教学思想观念创新。

（一）全面落实科学发展

科学发展的第一要义就是发展，包括高校教育的发展、人的发展。围绕以人为本这个核心，人才培养工作必须是全面、协调、可持续发展的，这也是终身教育和学习化社会思想的基本要求。贯彻党的教育方针，推进素质教育，坚持"巩固、深化、提高、发展"的方针，遵循高校教育的基本规律，牢固树立人才培养是高校教育的根本任务、质量是高校教育的生命线、教学是高等学校的中心工作等都属于新的高校教育教学理念。

（二）建立健全大教育观

具体表现在创新高校教育资源共享上，通过新教材和立体化教材建设、网络教育资源开发和共享平台建设，建设面向全国高校教育的精品课程和立体化教材的数字化资源中心，建成一批具有示范作用和服务功能的数字化学习中心，完善服务终身学习的支持服务体系，提升我国高校教育的质量和整体实力。这需要充分考虑提高教学质量的系统性和复杂性，确定一些具有基础性、全局性、引导性的创新突破口，引导高校教育教学创新的方向，实现高校教育规模、结构、质量和效益协调发展。同时，也需要调动政府、学校和社会各方面的力量，把发展高校教育的积极性引导到提高质量上来，充分利用各方面力量支持高校教育的发展，切实解决高校教育在提高质量方面的实际问题，为高校教育办学创造良好的外部环境。

（三）高校教育教学创新

高校教育教学创新与高校教育质量提高是一对永恒的话题。总体而言，我国高等教育教学创新在实践活动上可谓阵容庞大、气势恢宏，但在形式和内容上出彩不多。因此，在教学制度创新方面，要继续建立和完善教学评估制度、专业认证制度、高校教育基本状态数据发布制度等；在教学活动创新方面，不仅要落实"教授、名师要上课堂"，还要努力建设高水平教学团队。同时，应继续突出学生的主体地位，不断加大学生选课、选专业的余地，通过学分制使学生学习的自主性、自我责任心进一步增强。还应通过各级各类大规模、高强度的教学研究与教学创新立项和成果奖励，建立教学方法创新的激励机制，根本改变教学方法创新零散、自发、孤立、低效的局面。

第三节　高校教育教学方法

一、高校教育教学方法概述

在已有研究成果中，对于高校教育教学方法的分析和认识有本质揭示型的，也有特征或过程描述型的，对于高校教育教学方法研究的风向转向了"模式"路径。无论是本质揭示还是特征或过程描述，都存在一个致命缺陷：教师本位思想。这样，几乎所有关于高校教育教学方法的本质定义和特征归纳，都陷入以教师为主导的"二元论"泥沼，从教师角度研究教学方法，从学生角度研究学习方法。教授方法加学习方法就构成教学方法。这种逻辑思路所分析得出的结果自然离高校教学活动真实情景距离较远，教师的教授方法可以在没有学生参与的环境下进行，学生的学习方法更无须教师的直接参与。这两种可以游离的方法不是简单相加就可以组合成新的方法。因此，学者们对传统的教学方法研究成果提出了批评。批评与建构是事物发展的两个不同阶段，但在建构尚无突破、也未引起足够重视的情况下，高校教育教学方法的研究却转向了"教学模式"研究，随着教学模式研究的兴起，教学方法研究则逐渐式微。

其实，教学模式研究代替不了教学方法研究，或者仅仅是教学方法研究特殊阶段的一个尝试。很多教学模式研究成果显示，它属于教学方法研究范畴，教学模式是多种教学方法的综合。至于说教学模式是稳定的、典型的教学程序或策略或样式，这种表述也背离了高校教育教学活动的本质，与高校教育教学活动特征不相容。因为高校教育的教学活动，尤其是教学方法，不存在可以照搬、套用的"方法组合"，试图设计或概括出一种模式加以推广也不符合高校教师、学生、学科专业、学校类型等差别化的实际。高校教育教学，它的本质是一种整体性的有机"活动场域"，教学方法就是维系这种活动场域的或隐性或显性的"脉络"，即在教师的教授活动领域与学生的学习活动领域的交叉重叠部分发生的信息传达、消化、反馈的思维、路径、手段以及氛围环境等。在这个交叉重叠区域之外的教授方法、学习方法或者管理方法，他们虽然对教学活动、人才培养有重要影响，但不是严格意义上的教学方法。

在高校教育教学活动场域中，关于方法问题还不只教学方法一端，还有管理与教师活动交集场域的方法问题、管理与学生活动交集的方法问题。但教师和学生活动交集又与管理活动有一小块交集，问题的核心就在于此：教学方法的掌控权限。假如教师、学生、管理者在整个教学活动中的作用是均衡的，而且教学方法的选择与使用也是深度融合的，则三者对教学方法掌控权的共同认可范围大约是各自三分之一的"他控"组合区域，各自的三分之二都是自我控制的。也就是说，在教学方法的控制问题上，管理者、教师和学生都不可用全部的单方面意愿来衡量整体和他方的教学方法，真正可以达到三方共控的，是小于各自三分之一的共同空间。教学方法的自由是"教学自由"的实践根源。

二、高校教育教学方法的特点

认识教学方法的特点是认识高校教育教学方法的理性提升。仅从明确提出高校教育教学方法特点和分类来看，几乎都是循着"探寻模式"和"分析过程"两种思路在进行。薛天祥提出了课堂教学方法、自学与自学指导方法、现场教学方法、科研训练方法的"四分说"，陆兴提出了组织和实施学习认识活动方法、刺激和形成学习认识动机方法、效果检查和自我检查方法的"三分说"。我们通过分析大量教学成果奖获奖材料以及"教学名师"的实践经验发现，对于高校教育教学方法特点和分类的认识要首先回归教学活动本身。教学方法必须是在教学活动中充当"脉络"功能的东西，教学活动之外的、教学活动之中但不能充当活动"脉络"的，都不能归于高校教育教学方法考察范围。

在整个高校教育教学活动中，一切活动都是围绕"提高教学水平和教育质量、实现培养目标"这个中心的，而且任何活动都具有其方法、途径、手段。在专门人才培养过程中，课程是最基本的知识与能力体现单元，也是高校教育活动中学科与专业相互转化与结合的最小载体。学科是一个按照学术发展逻辑不断丰富起来的系统化的知识体系，专业是教育活动按照社会对专门人才要求所设计的一个相关学科知识体系群，开展这种学科知识体系群的知识传授和能力训练就是专业教育。可以说，专业是按照社会发展的逻辑变化的。课程是学科知识体系的分化单元，也是高校教育实施专业人才培养的最小的完整的知识与能力结构单元。高校教育的复杂性就体现在从课程这个知识逻辑体系到转化为接受教育的学生所获得知识与能力的微观过程之中，这就是教学活动。因此，研究高校教育教学方法必须把课程作为基点，超出课程范围的东西，如人才培养方案、教材建设与教学活动关联不大。确定了教学方法的基本范畴，尚需进一步对教学方法的内在特点和结构进行细化。

高校教育教学方法特点的研究近来比较沉寂。早前"二性论"（专业指向性、学术研究方法接近性），"五个培养论"（学生的自学能力培养、研究能力培养、实践能力培养、合作精神培养、创新精神培养）等，几乎都是对教学方法的实现功能考察得出的结论，到了"三性论"（学生主体性、探索性、学科专业性），关于高校教育教学方法特点的研究才逐步回归到高校教育教学方法本身。

循着这种思路，在全面考察高校教育教学方法涉及的各个方面之后，我们认为比较集中的、显然区别于其他层次教学方法或者高校教育教学活动中其他范畴的特点主要有以下几个方面：

第一是可感性。可感性与抽象性、不可感知相对。教学方法虽然具有工具性，但一味强调甚至放大它的工具性是不利于创新的，所以要把它看作是维系教学活动场域的"脉络"，尽管"脉络"不都是可见的，但必须是活灵活现的。教学活动到了面对面的"方法"程度，感性色彩非常浓厚，不仅要使参与者都能够感知"方法"的存在，而且还要富有效果。可感性是对教学方法的具体化概括，无论是语言、工具、形象、仪态甚至思路、能量等，都能够让人感触、感知、感觉得到。这就可以避免原来那种"方法是对知识进行加工并呈现出来"说法的片面性。可感性越强，可接受程度越高。

第二是内隐性。内隐与外显、直白相对，近似于含蓄。教学方法的最终目的是教育学生，而无论从理论上分析还是从教学实践经验总结，对于不同的人，或者对同一人的不同时段和处境，教化的方法是截然不同的，这就需要教学方法具有内隐性，不全是直白的指点、训斥。同时，一切社会认知都具有内隐性，根据学习心理学的研究，学习者对于社会性信息感知的内隐性要强于对非社会性信息的感知。这好比大厦结构中的钢筋和水泥，内隐性是"钢筋"，外显性是"水泥"，它们共同构成认知建构的基本结构。高校教育教学活动，虽然是专业性教育，但更多的是社会认知性学习，因此内隐性是教学方法的普遍特点。

第三是双重性。双重性就是事务的两种相对独立甚至对立的特性集于一体。很多事务具有双重性，高校教育教学活动的双重性尤为突出，在教学方法层面，教师和学生的主体双重性、教师和学生参与教学活动动机的双重性、目标的双重性、价值标准的双重性等都集中在一起，交锋交汇。具体而言，突出表现在教学内容、方式方法、手段，甚至是目标与结果等教育内部体现上。这些关系有的是从属的、有的是背离的、有的是不确定竞争性的，还有的是客观性与主观性并存。总之，忽视高校教育教学方法的双重性，教学方法就会走向死胡同。

第四是微观性。微观是个相对概念，社会科学中，通常把从大的、整体方面去研究和把握的科学称作宏观科学，从小的、局部方面去研究和把握的科学称作微观科学。在高校教育教学活动体系中，教学方法显然不属于宏观层面的概念或范畴，微观性是教学方法的实际处境，只有认识到这一点，才能准确分析教学方法的各种内在问题。任何提升或夸大教学方法层级的认识、企图都会把教学方法研究引向歧途。

第五是复杂性。复杂性是一门认识论、方法论科学，它是对"还原论"的批判和超越、对"整体论"的追求，或者说是既重视分析也重视综合、既关注局部也关注整体的系统科学的新发展。事物的复杂性是指在环境、条件发生变化时，不同行为模式之间的转换能力及其表现比较弱，某些新增条件似乎消解了一些元素。因此，要用非线性关系去把握局部与整体的变化。认识事物的复杂性，必须把握复杂性事物内在的非线性、不确定性、自组织性和涌现性。高校教学活动，完全符合复杂科学的这些特征，因此教学方法相应地具有复杂性特点。

第六是丰富性。感性活动的基本特点就是无限的丰富性，教学活动尤其是教学方法方式，既是有组织的合理性和合规则的建制活动，更是一种师生互动的感性活动。一名教师教授同样的课程，两次的教学感受以及教学方法可能是完全不同的，学生的学习感受也是如此。教学方法的丰富性实际就是教学方法的感性、复杂性以及双重性等特点的衍生结果。因此，期望用教学模式来"类化"教学方法的研究路径是违背教学方法规律和忽视教学方法特点的。

三、高校教育教学方法的分类

高校教育教学方法的基本特点，对于高校教育教学方法分类这种表征性的概括就比较容易。高校教育教学方法的分类要从"种属"和"类别"两个方面分析，即按照种和类两个维度进行分解：第一个维度是"类"的角度，可以分为：①教学方法总论；②理论课程教学；③实践课程教学；④学习方法。第二个维度是具体的方式与途径，即"种"的角度，可以分为：①课程教学内容与体系创新；②教学方式方法创新；③教学手段与技术创新；④教学艺术与技巧创新；⑤教学方法模式创新与综合创新；⑥教学效果与质量检验方式创新；⑦教学组织方式方法创新；⑧教学方法创新理念与策略。建立这样一个二维方法结构表，基本可以反映高校教育教学方法的全貌，高校教育教学方法的所有特性也能够在其中找到相应的载体。高校教育教学方法研究就是要从高校教育教学活动的整体系统入手，深刻分析教学方法的特点，认识教学方法的规律，并在教学实践中有效运用教学方法。在进行高校教育教学方法研究时，有两个基本着眼点不能忽视。

第一，课程：教学方法研究的逻辑起点。教学方法研究从何入手，不同的路径产生不同的结论，比如以教学工具为基点，就会使教学方法研究偏重实现教学的手段；以教师主体为基点，就会使教学方法研究走向"教师中心"的单边主义。教学方法研究的适用基点可以有很多种选择。人们所理解的教学方法应该以教学内容为出发点，因为教学方法所承载的主要功能就是知识的传递、接收、转化与学生修养、思维、能力的训练。没有教学内容，教学方法就无从谈起。但是，教学内容是一个复杂的体系，大到学科专业的系统化知识体系，小到一个基本概念和定律、规律性常数等，针对不同的教学内容可能会出现不同层次的教学方法。为此，教学方法研究必须核定一个教学内容层级，"课程"是人们确立的教学内容逻辑起点。

课程在发展演变中，曾被赋予过多种多样的含义，富有代表性的课程定义有如下几种：学习方案、学程内容、有计划的学习经验等。一般认为，课程就是系统的教学内容，是一系列教学科目的集合。具体而言，课程包括"教学计划""教学大纲"和"教科书"所规定和表述的内容。无论课程的定义表述如何，这里作为教学方法研究逻辑起点的课程特指高校教育课程。高校教育课程不同于基础教育课程，它具有自己的基本范畴和过程性特点。基本范畴就是高校教育课程一个系统性概念，最基本的是为达到某个教育目的而组织的一个单纯性教学内容。推而广之，还有教学科目、学科。过程性特点是高校教育课程的显著标志，无论哪个层次的"课程"都是为实现一定的教育目标而组织的教学内容，而且这些教学内容必须进入教学环节，参与教学活动。尽管从哲学、心理学、社会学以及交往论等不同视角对课程的过程性认识会有不同阐述，但"知识体系""教学资源""教育目的的载体""组织模式"这几个核心概念是其灵魂所在。从起源讲，课程就是"课业进程"。

教学方法是以某一门具体教学科目为基础的教学交往活动要素,不仅仅在孤立的一次教学组织活动或者在学科专业层面的全程教育活动中。在当前课程创新意义上,可以适当延伸到课程组群的教学活动,比如专业基础课程、专业课程或者理论性课程、实践性课程,还有从表现形态划分的显性课程、隐性课程等。因此,以课程为逻辑起点的教学方法研究,必然是丰富多彩的。

第二,目标:教学方法研究的基本考量。这里的目标不全是高校教育人才培养规格目标,而是指具体课程的教学目标,但它又是整个高校教育人才培养目标的一个组成部分。这个课程教学目标既是课程体系的目标,同时又是教学活动的实现目标。按照课程论的观点,高校教育课程设计具有基础性、实践性和国际性的发展倾向,那么具体的单门课程目标,既有与其他相关课程目标的分野又有相互的衔接,即使整体人才目标的组成部分也各具自身的独特性。而要达到这个目标,则是教学环节即教学方法所必须回答的教学目标。一般来说,将课程的知识结构体系传达给学生不是难事,但这不一定需要教师的参与,更无须教师设计教学方法。课程目标的重要任务是以知识体系为载体,通过教学活动达到训练学生能力、提高学生认知水平,并在一定程度上转化学生情感的效果。

因此,研究和分析高校教育教学方法,必须把实现课程以及教学目标作为考量依据,尽管课程与教学目标也是教学评价的重要依据,但如果在教学活动的方法选择上游离教学目标,那么在没有做到"教考分离"以及学生对教学评价主导地位难以落实的情况下,课程教学考核依然会在教师或管理者的单边主义主宰下进行,不能反映某门课程的目标是否实现。这也是长期以来,高校教育教学活动中教师教书本、学生学书本、考试考书本,最后学生除学了一堆知识之外,实践能力、创新思维以及情感培育等非常欠缺的原因。

教学方法为实现教学目标服务,在教学方法被"艺术化"的倾向下,尤其要防止"为艺术而艺术"的思潮蔓延,使教学方法创新走上一条"为方法而方法"道路。无论是实施教学组织,还是运用教学方法,或是评价教学方法,都应该把课程及其教学目标放在首位，根据目标实现的程度和效果以及采取某种方法开展教学的效率来考量教学方法的好坏。

第四节　高等教育教学方法创新原则

建构高校教育教学方法创新理论是为了推进高校教育教学方法创新实践。高校教育教学方法创新的原则是以基本创新理论为前提，按照激化矛盾冲突、假设科学有效和追求教学效率最大化的基本规律，指导和规范创新实践的准则。以适切性为特征的创新原则和以有效性为特征的创新目标是不断发展变化着的，不是一种判断教学方法的价值标准，它们在不同教学情境下有不同的遵循要求，绝不可一概而论，否则就会抹杀高校教育教学方法的复杂性和丰富性。

一、科学性

高校教育教学方法创新无论在方法论层面还是在具体的教学艺术与技巧层面进行，首先必须是科学合理的，而不是随心所欲的，是科学性与艺术性的统一。同时，创新活动还必须同时符合相应学科规定和教育学科规律的基本要求，违背任意一方面的基本规定要求，方法创新就是为创新而创新的形式主义，不仅不能达到理想效果，还会诋毁教学方法创新的本来面貌。为了做到教学方法创新符合科学性原则，在创新活动实施之前，就应当对创新活动的实施以及结果进行基本评估，使其尽可能合理，操作更便捷。

二、相对性

创新本来就是相对于原有状态而言的，任何创新都不可能达到绝对的最优、最佳、最美、最先进的程度。教学方法创新的相对性，一方面是针对人类既往所使用的一切教学方法而言，都是总结和继承传统教学方法合理成分而开展的相对完美的创新，没有过去就不可能有教学方法的创新，无论从具体形式还是从组合方式，以及所产生的后果，只要取得了相比以前更好的效果，就是成功的创新实践。特别重要的一点，就是真正的教学方法创新必须是能够推广的，而不是"独门绝技"。以前的很多教学方法创新，虽然在个别或局部产生了比较理想的成绩，但是推广价值不大，影响面小。这是我们开展教学方法创新所必须坚持的一项基本原则。否则，一切创新都会成为过眼烟云，不会给高校教育教学留下有价值的经验和财富。

三、适切性

教学方法创新的基本要求是符合教学需要，创新是实实在在的实践活动，不能有理想主义的侥幸心理。教学方法创新设想一定要适合教学内容、教学对象、教学目标以及教学时代与环境的需要，方法是服务于内容、服务于主体、服务于目标、服务于环境条件的，不同方法适应不同内容、主体、目标、环境。因为高校的基本教学要素几乎时刻在变化，这要求教学方法创新活动也必须每时每刻、无处不在。即使是同一个教学内容、相同的教学目标和同一个教学时空，学生的情况也各不相同，可以尽最大努力实施多样化教学方法或教学进度。

四、开放性

高校教育教学方法创新需要有一个开放的环境和宽容的氛围方能顺利进行,现有的各种管理、评价、考核制度不是鼓励教学方法创新,实际上是限制甚至是扼杀了教学方法创新。就教学方法创新的内在需要而言,一要有开放的视野,不要仅在教育学的圈子里也不要仅在已有高校教育学圈子里打转,创新就是突破和超越,站在井底就超越不了井口的视野,因此鼓励多学科、多领域、多国度学习借鉴,当然这种学习借鉴必须是认真消化了的、切合高校教育教学基本要素需要的。二是在教学管理上对待教学方法创新也必须是开放的,不要把课堂规定得太死,课堂就是教师和学生的课堂,要提倡把课堂还给教师和学生。三是在教学方法创新结果以及评价方面也必须持开放态度,既然是创新,就要允许有多样化结果,甚至容忍失败,不能用传统的结果观念和标准考量创新的教学实践活动。同时,在评价某位老师的某门课程的创新价值问题上,也应该科学地看待评价主体的认识能力及其当下的感受,有时当下的感受可能是不真实的,需要用很长一段时间加以内化、比较以后才能作出客观的评价,所以不应一味苛求课后即时评价。对教师来说,所谓的教学风格主要也是运用教学方法的相对固有模式,这种模式不在于让每一次教学活动都感受深切,一定有所变化,有所改进,风格是在一届又一届的学生事后评价中产生的。

第四章　高等教育教学创新

　　教育教学思想是大学教育中的一个最基本的最能体现出一所大学精神所在的一种教育思想观念，它是大学在寻求发展中的一个永恒的话题。一种全新的具有创新精神的教育教学思想的确立和演变，可以推动大学教学内容方法以及新型高素质人才的培养模式乃至大学教育制度的变革，逐步演变成为大学发展的精神核心。21 世纪是全球化的时代，是知识经济的时代。我们要更好地适应教育发展的需要，树立现代创新教育教学思想，建设一流的高水平的大学，依靠人力资源强国战略，为科教兴国服务。

第一节　高校教育教学方法创新

　　高校教育教学方法创新路径是高校教育教学方法创新活动中重要的实践要素。对这个问题的研究，既可以是对过去或现存状态的追寻或总结，也可以是对未来教学方法创新的价值建构。无论是过去已经存在的教学方法、创新方法还是未来需要着力改进的创新方法，无论是各种自创的创新方法还是学习借鉴而来的教学方法，都值得推崇，但都要客观地分析教学方法具有人文环境的适应性和技术支撑条件的差异性，不能盲目。

　　高校教育教学方法创新的基本路径构建，科学性和新奇性是两个基本依据。教学方法的内在规定性是"价值实现"和"感受共存"，这对教学方法创新实践同样具有"理论指导意义价值"，是科学性创新路径的规定，"感受"是新奇性创新路径的规定。无论是自创或借鉴的已经存在的教学方法，人们对其本身的价值或科学性一般不存在怀疑，对于作为"感受"所必需的新奇性要加以重视。

　　高校教育教学方法创新策略，必须涵盖两点。其一是在方法创新过程中，借鉴异域高校教育教学方法是一个有效途径，这个途径不是在说明那些方法的好坏，而是提高教学方法的丰富程度，即感受性的最大特点就是丰富性，不然，师生对于教学方法的感受共振就是贫乏的；其二是要重视教学方法的人文环境适应性和技术支撑条件的差异性的存在，在学习借鉴时，就要根据不同对象并分析该方法创制的原始背景，加以利用，并注意克服推行过程中的技术限制因素，尝试其他途径或通过相关技术解决问题，这本身也属于创新思维范畴。结合创新理论原则和高校教育的教学方法的历史与现状，总结分析得出成功而有效的教学方法、创新方法主要有如下几种。但要特别指出，在教学方法创新实践活动中，掌握一些创新原理和方法只是能否实现创新的前提，不是解决创新的灵丹妙药。只有不断深入学习、深刻理解创新方法，积极开展创新实践，才可能有效地掌握创新方法，取得创新成果。

一、组合法

　　无论是在自然界还是在人类社会，组合创新非常普遍。就教学方法而言，就是两种或两种以上的方法或方法理论的一部分或全部进行适当叠加和组合，形成新的教学方法。组合法是创新原理之一，也符合教学方法创新实践。组合创新的概率与空间是无穷的。据统计，20 世纪的重大创造发明成果中，三四十年代以突破型成果为主，而以组合型成果为辅；五六十年代两者大致相当；从 20 世纪 80 年代起，组合型成果占据主导地位。这说明组合已成为创新的主要方式之一。

二、分离法

分离原理是把某一创新对象进行科学分解和离散,使主要问题从复杂现象中暴露出来,从而理清创造者的思路,便于抓住主要矛盾。分离原理在创新过程中,提倡将事物打破并分解,它鼓励人们在发明创造过程中,冲破事物原有面貌的限制,将研究对象予以分离,创造出全新的概念和全新的产品。教学方法创新的分离法,就是把过去或原有的司空见惯的方法加以分解,按照一定逻辑关系进行整理,然后突出某一部分甚至将其扩充放大,成为一种等同甚至超越于原来方法作用的新方法。

三、还原法

还原实际就是要避开现行的世俗规则,即将所谓"合理"的事物设定为"非",而将事物的原状设定为"是",就是要善于透过现象看本质,在创新过程中能回到对象的起点,抓住问题的原点,将最主要的功能抽取出来并集中精力研究其实现的手段和方法,以取得创新的最佳成果。教学方法创新与其他任何创新一样,都有其创新原点,寻根溯源找到创新原点,再从创新原点出发去寻找各种解决问题的途径,用新的思想、新的技术、新的手段重新构造方法,从本源上解决问题,这就是还原创新方法的精髓所在。

四、移植法

创新理论认为,移植法是把一个研究对象的概念、原理和方法运用于另一个研究对象并取得创新成果的创新原理。"他山之石,可以攻玉",移植法的实质是借用已有的创新成果进行创新目标的再创造。教学方法创新活动中的移植法,可以采取同一学科领域的"纵向移植"(我国高校教育教学方法的通用手法是非理性的"下位"的基础教育教学方法"上移",而当前基础教育教学创新中则采取了诸如研究法、实验法等更多"上位"方法"下移"），也可以采取不同学科领域、不同地域的"横向移植"，还可以采取多学科领域、多地域教学方法的理念、思维和方法等综合引入的"综合移植"。移植能够取得新的成果，在教学方法方面，移植也符合"感受共存"中的新奇性标准：没尝试过的就是新奇的。所以，在教学方法问题上，国外的许多常规方法引入到我国来，就是创新，就能够产生新的效果。而我国的传统教学方法，传播到国外去，也会产生意想不到的效果。

五、逆反法

逆向思维是一种重要的创新方法，逆反法要求人们敢于并善于打破头脑中常规思维模式的束缚，对已有的理论方法、科学技术、产品实物持怀疑态度，从相反的思维方向去分析、思索、探求新的发明创造。实际上，任何事物都有正反两个方面，这两个方面同时相互依存于一个共同体中。人们在认识事物的过程中，习惯于从显而易见的正面去考虑问题，因而阻塞了自己的思路。如果能有意识、有目的地与传统思维方法"背道而驰"，往往能得到极好的创新成果。教学方法中有一种备受推崇的"深入浅出"方法，其实从逆反法的角度分析，高校教育教学中的很多课程内容可能并不适合"深入浅出"，而更需要"浅入深出"才能达到引人入胜的效果。

六、强化法

强化是一般创新方法之一，它是基于科学分析研判基础上的一种"包装术"，即合理策划。强化法主要对原本一般的方法通过各种强化手段进行精练、压缩或聚焦、放大，以获得强烈的创新效果，给人以感觉冲击。分析国家级"教学名师"们的教学方法，很多都是采用强化法，把普通的教学方法"概念化"，或者按照分离法原则把一个普通方法的局部元素加以剥离、充实，开发到极致，应用到极致，并打上首创者的名号。这样获得的教学方法不仅是"新"的，也是"强"的。

七、合作法

高校教育教学活动是典型的深度合作活动。这种认识长期没有得到推广，以至于教学方法的单边主义长期盘桓，根深蒂固。创新现行的教学方法，推进高校教育教学方法创新，思路之一就是应该从教学活动本源入手。有学者分析"对话教学法"是以师生平等为基础，以学生自主研究为特征的典型的合作创新方法，并由此推演出"以教师为中心""以学生为中心""师生关系平等"和"突出问题焦点"的四种对话教学模式。其实，不光对话教学法是合作创新的范例，任何教学方法的创新，从创新主体而言，合作的路径是无限宽广的。因为，科学的发展使创新越来越需要发挥群体智慧才能有所建树。早期的创新多依靠个人智慧和知识来完成，但像人造卫星、宇宙飞船、空间实验室和海底实验室等，需要创造者们能够摆脱狭窄的专业知识范围的束缚，依靠群体智慧的力量、科学技术的交叉渗透。

第二节　高校教育教学方法评价创新

推进和深化高校教育教学模式创新实践的一个重要命题是如何开展教学方法评价。教学方法评价的合理或完善，是教学方法创新实践成功的先决条件。因此，建立适合高校教育教学内容、教育对象、教学发展特点的教学方法评价机制,有利于推进教学方法创新实践活动。

教学方法创新评价的起点是教学方法常态评价,通过对教学方法的常态评价促进教师的教学方法创新,通过教学方法创新评价进一步科学引导教师的教学方法创新实践。教学方法常态评价就是对任何教学活动中教师所使用的教学方法状况及其影响给予分析判断,提出建议。这实际属于常规教学评价内容,但经常被忽视或虚化,其中一个重要原因就是评价标准的缺失或评价过程的瞬间性难以把握,只能寄托于"事后印象",所以,教学方法常态评价实际上处于一种"无政府"状态,无论是教师还是学生,甚或是专门教学指导与评价组织者,均各执一端,莫衷一是。

教学方法常态评价的目的不在于推选出一种或几种最优教学方法,而在于促进教学方法的多元化和有效性,使学生感受到积极健康的满足,从而激发学习兴趣,增强学习动力,提高教学活动的整体水平和质量。"最优"教学方法是不存在的,所有有效的教学方法几乎都是组合性和适切性的产物。因此,常态评价的标准不是组织设计性的,而是一种常规状态下的灵活评价标准:符合基本教学方法要素,适应不同教学内容和教学对象,教师和学生的感受趋于一致。当然,由于教学方法最后是以"感受"为评判基础的,"新奇性"创新标准经常容易被教师误用为"取宠术",满堂讲授取悦于学生的奇闻轶事,这是在实施常态评价时应引起关注的。同时,教学方法常态评价过程必须是动态的,不能以一两次评价代替某位教师的某门课程教学方法状况。

高校教育教学方法创新评价是在教学方法常态评价基础上,用来引导和规范教学方法创新活动的手段之一,评价结果反映教学活动中教师所采用的教学方法的科学性、合理性及有效性。进行创新评价或者评价某个教学活动中的教学方法是否具有创新性,至少应该符合以下四项原则之一。

一、批判性原则

与常态评价不同,考量一位教师的教学方法是否具有创新性,首要的依据不是稳妥、正确,而是方法中的批判性成分,包括该方法对教学内容的常理的、现行结果等是否具有反思维或质疑,对学生的问题意识、探究情怀是否有暗示作用。现行教学方法中的知识讲授、灌输等方法之所以一直被诟病,就在于它忽略了这些知识产生时的无限批判进程,使知识显得苍白,不能培养学生的问题意识和探究兴趣。在评判原则之下,可以有非常多的具体方法,只要它们具备批判属性,都属于教学方法创新范畴。

二、挫折性原则

无论是抽象的观念还是具体的方法,但凡具有"新"的本质属性,或多或少存在不被立即接纳和认同的境遇,人类社会在漫长的进化史中,有一个共同的经验就是对于"新"既怀有期盼,又保持着戒备。一种新的教学方法被创设或引进到一个教学情境中,必然会有一定风险,会遇到各种阻力乃至反对,一片欢呼、推行顺畅的新方法罕见。教师对于风险的评估以及是否决定推行是内阻力,而遭遇风险担当风险是外阻力。无论是内阻力还是外阻力,都是每一种新方法必须面临的挫折。同时,这种方法本身在实施过程中还含有"挫折"意蕴,比如项目教学法就使学生在参与实施新方法的过程中体悟探究和推演的复杂性和艰难,在挫折中寻求成功,进而体会新方法的意义和愉悦感。这种方法也是对高校学生进行学术品格培育的有效途径之一。

三、丰富性原则

有效的教学方法很少是单一性的,通常是多方法的组合运用。评判一次教学活动或者一位教师一贯的教学方法是否具有创新性,应该考察其方法使用的丰富程度。人类在漫长的教育教学历程中，创造了无数的教学方法，其中每一种方法都没有好坏、正误之分，关键是是否适合这种方法的对象与教学内容、教学情境。教学是种非线性规律活动，每一种教学方法都有其产生的特殊原因，而相同原因出现的概率非常小，因此某一种方法只能在其起源相似条件下才能发挥作用，更多情况下是各种方法的融合与杂糅。具有创新性的教学方法必须具有丰富性特点，单一的方法在现今条件下即使具有创新性，也一定非常微观，解决不了常规教学层面的问题。总结教学名师们的教学方法，在其"品牌性"之外，都有非常丰富的教学方法贯穿教学活动之中，其中还有一些是教学方案设计之外的"非设计"方法，被教师们临场发挥，服务于特殊需要的教学过程。"非设计"方法是教学方法创新丰富性的表现之一，它能准确地反映出不同教师运用教学方法的能力和水平，高水平的教师可以在教案设计方法之外游刃有余、得心应手地选择恰当的方法开展教学，而初任教职的教师可能在教案中设计了若干教学方法，但有可能一些方法根本没有用上就结束教学活动了，或者用一些超出教学安排的"取宠术"来满足学生的低级兴趣。

四、关联性原则

高校教育教学方法的实现途径随着技术进步发生着快速而深刻的变化，多途径实现教学目的成为现代高校教育教学方法创新的革命性特征，与传统的讲授法、灌输法相比，现代技术带来的教学方法创新突出了技术性优势，从"粉笔加黑板"进化到幻灯片，进化到多媒体，进化到网络课堂，有效地提高了教学效率，为交互式教学提供了时空与技术保障，师生教学灵感也能及时得到捕捉和储存，等等。但这只是教学方法创新关联性的一个方面，即方法与手段的关联。级联递增式的关联性在一定程度上否定教学方法的技术元素，完全依赖现代教学技术推进教学方法创新也不妥当，因为人类的教学活动从产生到现在，从来就不是技术的奴隶。尽管现代网络课堂或课程在逐步兴起，这可能从感觉上给世界各地高校教育教学方法掀起一次话题讨论，但通过网络传播"最优"教学方法的可能为期尚远，更多是学校的一种魅力与形象的展示。因此，关联性创新原则要求教学方法不能在技术面前无所作为，也不能搞"唯技术论"，还必须回归教学活动中"教"与"学"的本位开展创新，人是社会生活中最活跃的因素，离开先进技术设备条件依然可以开展教学方法创新活动，比如很多教师成长经验或教学经验中的"点化法"，就屡试不爽，成就了不少人才。

对教学方法及其创新性的评价，主体必须是多元的，任何单方面的结论都不足信，尤其是从教学管理角度开展的教学方法及其创新性评价更是有违教学方法的本质要求。高校教育教学方法创新属于学术文化范畴，对于教学方法的评价不属于高校教育的行政管理而是学术管理。学术性评价的主体应该是多重多元的，只有这样才能靠近教学方法以及教学方法创新性的本质。否则，就是对教学方法的机械性误导，会极大地扼杀教学方法运用的灵活性和教学方法创新的积极性。

教学方法创新评价主体，首先是教学活动直接参与者的教师和学生这个二元主体。而且学生这一方面的情况还是动态变化的，即某位教师的某一门课程的教学对于某一年级的学生一般只有唯一的一次，待教师重复进行教学时，学生已经全然改变。因此，教师的教学方法创新为什么滞后，关键就在于学生对某门课程的学习以及对教师教学方法的"感受"是唯一不可重复的，即使有一些中肯的建议，但检验这些建议是否被采用的，则是下一届学生。所以，对教师教学方法创新评价主体中学生界定，必须是持续几个年级学生。或者，对于通用性强的公共课程、专业平台课程等，要把学生全部纳入评价主体的范围，但这对大量专业性课程不适用。教学方法创新评价主体的另一方面，应该是教学团队成员。无论这个团队是否形成建制，或者规模大小、关联强弱不一，但通过这个团队，可以从"方法适应内容"角度准确界定教师教学方法使用及创新状况。至于很多高校教育已经组建并运行的"教学视导"机构的人员，是教学方法创新的评价主体之一，但由于学科专业的巨大差异，他们只能使通用性方法，即符合教学一般规律性的方法入手加以评价，不能代替教学团队的评价。教学管理部门参与教学方法创新评价是间接的，只能从程序设计、持续推进、结果反馈和分析等方面着手工作。

第三节　高等教育教学思路创新

一、更新教学理念

更新教育思想，确立实践教育教学理念。实践，是指将高校教育教学内容中的自然科学知识、人文知识、德育等各种理论知识教育，通过具体的系统实践来消化、固化、融合、升华。在实践中统一科学教育与人文教育，把实践育人贯穿于人才培养的全过程，培养学生的实践能力和创新精神，提升个人人文素质和科学素质，达到完全与社会实际需要相符合。高校要在校园文化建设中要建立一种新的激励机制，带动学生积极展开创新创业活动，并给予大力支持，全面推进实践教育。

树立以生为本的教学理念。就是在教育教学中要体现出对学生主体地位的充分理解和尊重，对学生潜能的充分诱导和挖掘，对学生人格的充分培养和塑造，把学生的个人意愿、社会的人才需求、学校的积极引导有机结合起来，使学生在知识、能力、思想道德、身心健康等各方面得到均衡、全面的发展，从而促进学生成长成才。这一教学理念要充分贯彻体现到高校的所有教学环节的各个方面。在教学模式上，要对原有的缺乏弹性的、学生被动接受的没有选择余地的教学模式进行创新，实施弹性教学计划，建立学分制、主辅修制，让学生有一定的选择权和支配权，可以自由支配属于自己的时间和空间，着力于学生创新能力和实践能力的培养：在教学目的上，要"一切为了学生，为了学生的一切，为了一切学生"。在教学方法上，要大力提倡"以学生为主体、教师为主导"的互动式教学方法，鼓励使用问题式、案例式、讨论式、情境式教学法，开展"启发、互动、探究式"的课堂教学实践，采取一系列措施，使教师由传统式知识传授型教学向现代式研究型教学转变，引导学生由被动接受型学习向研究型学习转变。

在教学组织的具体实施方面，应采取灵活多样的教学组织形式，而对目前过于刻板的传统教学方式进行创新，充分发挥学生的个性，对学生进行激发和引导，使学生经过探索研究而学会自主学习，使教学方式以传授知识向培养学生认知能力和全面素质转变。转变以教师、课堂、书本为中心的教学局面，进行师生互动，展开专题讨论，鼓励自主探索与合作的学习方式，培养学生的探索精神与批判性思维；重视教学的创新性和学生个体间的差别指导，让学生在与教师的朝夕相处中耳濡目染，接受熏陶；以学生亲自动手实践为主，采取提供实践平台、鼓励学生积极参与科学研究实践课程创新的手段，增强教学活力，培养学生获取新知识、分析和解决问题、交流与合作的能力。

制定均衡的高校教育资源配置政策。在重点大学和普通大学之间要实现教育资源配置的均衡。在建设和发展"双一流"重点大学的同时也要兼顾一般大学，着力改善一般大学的办学条件。还要针对目前不同区域间高校教育差距越来越大的现象，制定相应的区域高校教育政策，寻求不同教育资源在区域间配置的平衡，增强区域高校教育发展的动力。科学合理地安排高校教育的学科专业布局，加强教学内容和课程体系创新。合理安排课程设置，高校的办学理念、专业与课程设置、教学模式要与社会需求相一致，培养与社会需求相符的人才。首先，在进行学科专业建设时依据"厚基础"原则构建培养本学科专业人才的基础知识、能力和素质结构。其次，在安排学科专业布局时要依据"宽口径"原则，拓宽学生的专业知识面，把专业设置从对口性向适应性改变，实行宽口径的专业教育，优化课程整体结构，拓宽专业课程交叉培养，增加弹性教学，提高教学质量，提高学生的综合素质，促进学生科学全面发展，为社会提供高素质人才。最后，高校要抓住自身特色，合理定位，遵循差异性原则，建设优势学科，避免模式单一，合理配置教育资源，促进教育公平，促进高校教育科学发展。因材施教，树立以生为本的教学理念。因材施教，就是根据不同学生的个性特点来进行不同的教育活动，通过对差异性的辨析制定出适合其特点的教学计划。教育公平的实质不是使每一个学生都要获得同样的教育，而是使每个学生都获得"适合"自身的教育，这就是教育公平的"适合性"原则。要充分认识到学生是教育活动的主体，学生是发展的独立的人，每个学生都有自己独特的个性，要做到在制定教学目标、教学模式、教学内容以及教学方法等教学活动方面坚持以生为本的教学理念，尊重学生的主体地位，充分挖掘学生的潜能，使学生的个性得到充分发展，塑造学生的健全人格，促进学生的全面发展，促进教育公平的实现。

构建高校教育教学质量保证体系。高校教育教学的质量直接影响着人的全面发展，最终影响经济社会的发展，要依据相应的政策法规建立高校教育教学质量保证体系，规范学科专业建设，避免重复建设和教育资源浪费，构建独立的有权威性的教育教学质量评估机构，加强对高校教育教学质量的监督，完善高校教育教学评估政策，充分发挥社会的监督作用，对高校教育教学质量进行监督。

总而言之，追求高校教育教学公平是促进高校教育公平的核心所在，也是促进高校教育创新发展的不竭动力，必须坚持科学发展观，继续深化高校教育教学创新，优化高校教育结构，不断提高高校教育教学质量，实现人的全面发展，最终促进高校教育公平的实现。

二、办学特色

（一）办学特色的内涵

教育部在《普通高等学校本科教学工作水平评估方案》（教高厅〔2004〕21号）中明确了办学特色的定义以及内涵："特色是指在长期办学过程中积淀形成的，本校特有的，优于其他学校的独特优质风貌。特色应对于优化人才培养过程，提高教学质量作用大，效果显著。特色有一定稳定性并应在社会上有一定影响、得到公认。特色可体现在不同方面：如治学方略、办学观念、办学思路；科学先进的教学管理制度、运行机制；教育模式、人才特点；课程体系、教学方法以及解决教改中的重点问题等方面。"高校办学特色就是一所大学在长期办学过程中形成的本校特有的和已经被社会认可了的在某些学科领域方面优于其他学校的独特创新风貌和具有可持续的发展方式，具有稳定性、认同性、创新性、独特性、标志性。高校办学特色的内容主要包括学科特色、科研特色、人才培养特色、校园文化特色这四个方面。

教育部在《关于进一步加强高等教育本科教学工作的若干意见》（教高〔2005〕1号）中提出，要培养数以千万计德智体美全面发展的高素质专门人才和一大批拔尖创新人才，突出提高人才培养质量的位置。而办学特色正是高校质量的生命线，是学校追求最优品牌的实现途径。高校应以追求特色、打造优势为目标，促进办学水平的整体提升，使高校的办学特色更加显著，从而提高高校教育质量。

（二）办学特色的形成

第一，教育教学创新，培育办学特色。一所有特色的高校必定拥有自己独特的教育思想和教育教学，这种教育思想和教育教学能够在特定时空环境下指导高校在办学发展过程中的办学思想和办学理念，并能适应时代和社会对教育和人才培养的要求，符合教育思想和教育教学的创新要求，符合教育创新发展和社会进步的一般规律，能够促进教育发展方向、人的全面发展及人才培养过程的优化。教育教学的创新必将带来教育思想的转变，先进的教育思想必将促进先进办学思想的实践，包括新的办学目标、办学模式的重新定位标准，以及如何实现这标准所采用的方法、途径以及对此办学实践效果的综合评价。

第二，构建学科特色，促成办学特色。学科特色建设是促进高校办学特色形成的关键所在。学科建设作为高校培育人才、科学研究和服务社会三大职能的具体承担者，它的建设和发展水平程度对高校的人才培养、科学研究、专业建设和师资队伍等方面的质量有着重要影响，对高校办学特色的形成有着强有力的支撑作用，并决定着学校的服务能力和水平及办学层次的提高。学科特色是高校办学特色中的标志性特色，是构成高校教育核心竞争力的主要组成部分。学科特色，一是指特色学科，指某一特定的学科特色；二是指学科结构体系特色，指由几个特色学科共同组成的学科特色。特色学科是学科特色发展的基础，学科结构体系特色是学科特色的扩展壮大，真正的特色学科具有不可替代性，是难以被模仿和复制的。高校在学科建设上不能盲目求"大"求"全"求"新"，要求"精"求"尖"，要因校制宜地构建优势学科，发挥优势学科所附带的"品牌"效应，形成办学特色。世界上地位上升很快的学校，都是首先在一两个学科领域有所突破，达到世界一流，而不可能在各个领域同时突破。学校要全力支持最优秀的学科，要有先有后，把优势学科变成全世界最好的，当然其他学科也就会自然而然地提升上来。所以从某种意义上来讲，一所大学的学科优势所在，也就是这所大学的办学特色所在。

第三，发扬大学精神，形成办学特色。南京大学教授董健认为，大学之"大"，内涵应该是思想自由、学术自由；培养人完善人，不断提升人格和道德；独立于政治权力之外，追求学术真理，"大学精神"就是在大学里做学问的心理状态和文化立场。大学精神是一所大学内所有成员在长期办学实践中共同创造、传承、逐步发展起来的被大学所有成员共同认同而形成的一种精神理念，它反映了一所大学的历史文化传统以及精神面貌，是大学的精神信念和意志品质的准确表达，是大学独特气质的精神形式和文明成果的表现，也是大学所有成员的精神支柱。大学精神犹如个人的品格，是大学最为核心和高度抽象的价值追求和行为规范，决定着大学的行为方式和大学发展的方向，是大学存在和发展的基石，是大学的灵魂和本质之所在。大学精神是大学保持永久活力的源泉，是大学优良传统文化的结晶，是大学在长期教育实践中积淀下来的最具典型意义的精神象征，体现了大学所有的群体心理定式和精神状态，展现了大学的整体面貌、风格、水平、凝聚力、感召力、生命力，最终凝聚形成独有的办学特色。高校的办学理念以及办学实践应该有利于大学精神的形成和发展，并使之形成一种特色教育，经久不衰。

三、推进师资队伍建设

逐步取消高校行政级别，精简高校管理机构，压缩行政费用开支，使教师真正在高校中处于主导地位，同时进行师资队伍建设。百年大计，教育为本；教育大计，教师为本。2014年9月9日，习近平总书记在同北京师范大学师生代表座谈时指出："国家繁荣、民族振兴、教育发展，需要我们大力培养造就一支师德高尚、业务精湛、结构合理、充满活力的高素质专业化教师队伍，需要涌现一大批好老师……教师重要，就在于教师的工作是塑造灵魂、塑造生命、塑造人的工作。一个人遇到好老师是人生的幸运，一个学校拥有好老师是学校的光荣，一个民族源源不断涌现出一批又一批好老师则是民族的希望。"

教师作为高校培养人才、传播知识的主体，是高校教育教学中的第一生产力。一所学校的办学理念、办学方针都需要依靠教师在教学过程中呈现出来，高校要依据自身的办学特色，造就一支具有足够知识储备、教学科研能力、创新意识和人格魅力的高素质教师队伍。把重点学科、特色学科带头人的培养作为学科建设的首要内容，加大对重点学科、特色学科带头人的引进力度，加快高层次创新人才培养，突出特色训练，形成明显的学科优势，促进学科发展，进一步提升在职教师的素质，提高高校教育教学质量。

建设一支优良的师资队伍是提高教学质量的关键所在，是实现高校培养人才目标的有力保障。随着高校教育教学创新的发展，我国已经初步形成了一支总体规模较适当、学科体系较齐备、综合能力不断增强的高校师资队伍，在数量和专业层次上都有了较大幅度的增长和提升，但是在整体结构、综合素质上依然存在一些不协调和不足之处，影响着我国高校教育教学创新的可持续发展。

（一）优化高校师资队伍结构

高校师资队伍的结构内容主要包括教师的学历、职称、年龄这几个方面，它可以直观地反映出教师队伍的质量、能力和学术水平的一些基本情况。这些年来，虽然我国陆续实施了"高层次创造性人才工程""高校青年教师奖""骨干教师资助计划""硕士课程进修"等多项高级资质队伍建设工程，但高校教师队伍的总体结构还存在着不合理因素。虽然现在的大多数高校都普遍抬高了门槛，高校教师的大门不再对本科生敞开，必须是研究生以上学历才可以获得进入的机会，但是"近亲繁殖"的现象还是存在的，高学历人才分布不均衡现象也还是比较突出的；在高校教师的职称、年龄结构上，普遍存在着缺少中青年学术骨干教师、拔尖人才等高层次人才的问题。因此，我们要加大对骨干教师和优秀学科带头人的引进力度，强化高层次带头人队伍建设。对于高职称的学科、学术带头人、紧缺专业人才要给予一定的政策倾斜，根据学科发展的目标，有目的地吸引高层次人才，以确保高校师资队伍的职称结构比例合理；还要通过有效措施引进高学历人才，提高师资队伍的学历层次。加强本校优秀人才的培养和吸纳来自不同地区和高校的人才，引进与培养相结合，推动人才与资源的有效整合，以利于各学科专业教师整体知识结构的优化，最终促进高校师资队伍结构的协调发展。

（二）提高高校教师综合素质

高校师资队伍建设是高校教育教学创新发展的基石，它直接关系着高校教学质量的提高。高校教育的快速发展对高校教师的教育教学思想、知识结构、教学方法等综合素质提出了更高层次的要求，要求教师具有熟练应用现代信息技术和现代教育手段的能力、教学与科研的创新能力、理论联系实际的能力、将知识服务于社会的能力以及良好的社会交往能力。要建设这样一支学术过硬、综合素质较高的教师队伍，我国的高校教育师资队伍建设任重而道远。提高高校师资队伍的综合素质要把师德建设放在首位。师德建设是师资队伍建设的基础，不断加强师德建设，是全面贯彻党的教育方针政策的根本保证，是培养德才兼备的高素质的社会主义建设者和接班人的必然要求。在高校师资队伍建设中要遵循"以人为本"的原则，牢固树立"师德兴则教育兴、教育兴则民族兴"的爱国主义教育教学理念，要求教师不断更新观念，用现代教育思想充实自我、完善自我，推进高校师资队伍建设，建设一支为人师表、作风优良、爱岗敬业、治学严谨、教学科研能力强的与时俱进的高素质教师队伍。

提高高校师资队伍的综合素质要注重教师教学素质的培养。教学是培养人才的直接途径，也是高校的主要工作，教师是教学的实施主体，培养教师的教学科研能力是提高教师教学水平的主要途径。要改变过去的只注重学历的提高而忽视教育教学能力培养的状况，既要注重教师专业学术水平的提高，也要重视教师教学水平的提高，要求教师掌握教育教学理论、教学方法以及教学规律，增强教师提高教育教学水平的积极性和自觉性。还要加强教师对科研工作的重视，为教师提供进行科研创新的条件，提高高校师资队伍的科研能力、学术水平和教师职业化水平，以"特色专业—精品课程"建设和聘任重点学科带头人为龙头，加强重点学科带头人、学术带头人、学术骨干队伍建设，在部分学科领域形成独具特色的人才群体，致力于学术大师和教学大师的培养，带动师资队伍整体水平的提高。

总之，我们要把高校师资队伍看作一个整体，通过多种方式加强高校师资队伍建设，提高教师的专业理论学术水平、教育教学能力、科学研究能力以及科学文化素养，全面提升教师队伍的教育教学功能、团队协作功能、科研开发功能及社会服务功能。使教师掌握先进的教学、科研方法，并具有崇尚科学、勇于创新的开拓精神，具有为高校教育事业不懈追求的精神，为高校培养一支具有良好的职业道德、较强的教学科研能力和充满活力的高素质师资队伍。促进高校教育教学质量和水平的提高，促进师资队伍建设的良性循环，促进我国高校教育教学创新，为高校教育创新的跨越式发展奠定基础。

四、创新课程体系及教学内容

（一）课程体系创新

首先要优化和调整学科专业课程结构，因材施教，分层次教学、分类别培养，同时进行主辅修、双学位、定向培养、中外合作办学等多样化的人才培养模式，在满足不同基础学生学习需求和发展需要的同时，也能促进人才培养质量的提升。在课程结构上，打破传统的单一课程结构类型，即分科课程、国家（或地方）课程、必修课程统一天下的局面，重新调整课程结构，优化课程体系。综合课程、必修课程和选修课程都要各自占有一定的比例，以"本科规格+实践技能"为特征，重视学生的个别差异，坚持四个结合，即理论与实践、人文教育与专业课程教学、课内与课外、校内与校外相结合，构建一种合理的适合学生发展的课程体系，最终培养学生具备两个方面的素质——文化素质与创新素质，提高四个方面的技能——基本技能、通用技能、专业技能、综合技能。

在高校基础课程教育上，构建综合基础教育体系，所有学科专业都进行国防教育、人文教育、自然科学基础、德育实践等基础知识培训。要构建综合实践体系，搭建公共实践平台，包括专业实验、实习、毕业设计（论文）、德育实践、科技文化实践、创新实践等。还要构建学生实践能力考核体系，对学生的综合实践能力进行考核。进行"创新课程"研究，转变理论基础。创新课程所依据的理论基础由心理学扩展为社会学、经济学、文化学、政治学和生态学等更具包容性的学科领域。创新不仅包括首次创造，也包括对他人所创造出来的成果的重新认识、重新组合和设计应用。创新课程并不是以学科的方式向学生传授一整套如何创新的知识、方法和策略，也不是以学生获取学科知识为中心，而是以综合实践的方式为学生提供相对独立的有计划地进行研究性学习、设计性学习、体验性学习、实践性学习、反思性学习和生活性学习的学习机会。让学生从自己的现实社会生活中自主选择研究课题并通过对开放性、社会性、综合性和实践性问题的探究，形成自己独特的学习方式，培养学生的创新精神、探究能力、开放性思维、社会实践能力和社会责任感。同时，创新课程也是一种创新性理念，指在一种课程开发与实施的过程中除了独立的综合实践课程之外，原有的所有课程科目在具体实践中都要设置一些必要的干扰性因素，并通过课程内容的复杂性、模糊性来增加课程的难度，以培养学生的探究能力。

（二）教学内容创新

遵循"厚基础、宽口径、强能力、重质量"的复合型人才培养原则，重新规划和设计教学内容与课程体系。改变过去只在专业学科范围内设置专业课、专业基础课、基础课的"三级"课程编排方式，构建专业必修、专业选修、学科必修、公共必修、公共选修五大课程体系，对教学内容与课程体系进行重新规划和设计，按照学科专业普遍大类平行设计学科专业类课程、新公共基础课程、文化素质教育课程和实践性教学课程等教学课程内容体系，增加选修课，减少必修课，对公共课进行分级分类教学。

"厚基础、宽口径"就是使学生熟练地掌握各个学科专业的基础理论、基础知识、基本技能，并能扎实地运用到实践中去，确保学生的知识基础，强化学生基础知识体系，打造精品课程。进一步加强学生基础理论、基础知识、基本技能和基本方法的学习与实践，进行优秀主干课程建设和基地品牌课程建设，重点建设基础较好、适应面广的学科专业基础课、主干课和专业课，使之达到国家精品课程建设标准。在课程体系建设上，要不断优化课程结构，拓宽专业课程交叉培养，提高知识质量，加强大学生文化素质教育，增加弹性教学，改变传统的教学计划。在"公共必修"课程之上可以设置"学科必修"课程，按照分类搭建课程平台，注重文理交叉，在课程体系中设置跨专业课程，强化专业渗透，为学生的宽口径发展搭建学科基础平台。优化学生知识结构，让学生根据自己的专业特长、兴趣爱好和发展趋向自由选择，进一步拓宽专业口径，培养大学生综合素质。"强能力、重质量"就是从培养学生全面发展、提高学生综合素质出发，以分析、模拟、影视教学等基本形式展开实践教学，加强课堂内外的实践教学环节，并通过组织社会实践、社团活动、专业实习等实践活动培养学生的务实能力、操作能力。注重学生的人格塑造，充分挖掘学生潜能，注重培养学生"从一般到个别"的解决问题的能力，着重训练学生"从个别到一般"的调查分析问题的能力，帮助学生养成可行性分析的良好思维习惯，使培养出的学生具备强能力、高质量。

（三）注重实践教学

当前，我国高校教育教学投入不足、教学管理环节薄弱、教学创新还需加大力度是高校教学工作存在的主要问题。由于高校的扩招，大学的规模扩大了，但大学生数量的急剧增加所带来的负面影响也正在逐步显现。旧的传统教育思想、教育观念仍占主导地位，教学模式、教学内容、教学方法与学生成才实际脱节，尤其缺乏相对应的实践教育导致人才培养与社会经济发展需求脱节，致使培养出的学生由于缺乏实践能力而不能满足创新型国家建设和经济全球化发展的要求，失去了大学服务于社会这一功能的重要意义。针对我国高校教育教学创新中出现的这种状况，教育部、财政部联合发出了《关于实施高等教育本科教学质量与教学改革工程的意见》（教高〔2007〕1 号），决定实施教育教学质量工程，中央财政将投入大量资金支持"质量工程"建设。同时，教育部也发出了《关于进一步深化本科教学改革全面提高教学质量的若干意见》（教高〔2007〕2 号），指出要重点落实实践环节，拓宽大学生校外实习、实践渠道，与社会、行业以及企事业单位共同建设实习、实践教学基地，力求提高大学生的实践能力；对学生进行实践教育，并多方面采取各种有效措施，确保学生专业实践和毕业实习的时间和质量，把教育教学与社会实践紧密地结合起来。

开展实践教学，要求学校通过开拓各种有效途径为学生搭建实践平台，建立一批相对稳固的课内外学生实习和实践基地，并积极组织学生进行社会实践、调研、实习等活动，逐步培养大学生的敬业精神，培养他们艰苦奋斗的精神和坚韧不拔的意志，有计划、有目的地推动大学生自觉自愿地增强职业道德素养。逐步培养大学生的实践创新能力，积极支持大学生创新创业活动，致力于大学生创新素质的发掘和培养。创新素质主要包括创新意识、创新精神、创新能力等三个层面的内容。在一个创新型国家的建设进程中，这种全新的创新素质正逐渐成为大学生在就业市场竞争中的核心竞争力。

五、教学模式和方法创新

（一）教学模式创新

人才的培养是一个复杂的系统工程，必须不断探索其内在的规律，创新旧的不合理的教学模式，认真细致地研究教学，研究其内在的多重因素：教学理念、教学内容、教学方法、教学模式等，从而掌握教学的规律。因此人们提出了"教学民主"的教学观念，对传统的教学模式进行创新，开创研究性教学、开放性教学和互动性教学等一些能够体现

"教学民主"的经典教学模式，充分突出学生的主体性地位，激发学生的主动参与意识，开发学生的学习潜能，创设民主、和谐的学习氛围，指导学生学会学习。在教学中建立一种和谐的师生关系，充分调动学生学习的自发性和积极性，保证学生和谐全面发展。

推广研究性教学，培养学生的创新意识。教学从知识传递向注重能力培养的转变，必然要求教学方式方法的变革，推进研究性教学正是深化教学创新的重要路径，也是研究型大学人才培养的一个基本特征。研究性教学是一种将教师自身的研究思想、方法和最新成果引入教学过程的教学模式。通过研究性教学，使教学建立在科研基础上，科研促进教学的提高，教学与科研互动并向学生开放，从而引导学生在参与教学过程中步入科研前沿，激发学生主动思考、主动探索、主动实践的创新意识。研究性学习的过程，是情感活动的过程，通过让学生自发地参与探究性学习活动，获得亲身体验，逐步形成一种在日常生活和学习中勇于探索、努力求知的良好习惯，从而激发探索和创新的积极欲望。研究性学习过程，就是一个探索的过程，在一个相对开放的环境中寻找问题和探讨解决问题的过程。通过这一过程，可以培养学生的思维能力，培养学生发掘和解决问题的能力，对学生掌握一定科学的学习方法，增强学生对资料的收集能力、分析能力、总结能力，以及学会利用多种有效手段、多种途径获取信息都有积极的推动作用。研究性学习的过程是一个互动的学习过程，这个互动的学习过程离不开学生与团体、学生与学生之间的沟通与合作。可以说研究性学习为学生提供了一个人际沟通与合作的良好空间，为学生分享研究资料、学习信息、创意和研究成果以及发扬团队精神提供了一个很好的交流平台。培养学生学会合作、发现问题、克服困难共同解决问题的能力。研究性学习的过程也是一个实践的过程，要求学生从实际出发、实事求是，尊重他人研究成果，严谨治学，积极进取。研究性学习的过程也是一个培养学生全面素质提高的过程，通过学习实践加深了对科学以及科学对自然、社会的积极意义与价值的认知，使学生懂得思考国家、社会、人类与世界共同进步、和谐发展的宏大命题，在培养学生的创造能力和实践能力之余还促进学生形成积极的人生观、价值观。而且研究性学习过程也为学生提供了综合运用各门学科知识的机会，加深了学生对学过知识的重新记忆，加强了学生所学知识的生活化。

进行开放性教学，培养学生的积极参与能力以及自主创新能力。开放性教学是为了鼓励学生主动积极地去探究知识规律，对传统教学过程中影响学生发展的不合理因素进行改变，从而培养学生自主创新性学习能力的新型教学。开放性教学的主要思想理念在于以学生的发展为本，通过教学目标、教学方法、教学内容以及整个教学过程的开放，从传统的封闭式课堂教学走向开放式教学，充分发挥学生的主体作用，让学生掌握学习主动权，自己去探索、发现，培养学生的创新能力。在开放性教学中，教师不能仅仅拘泥于教材、教案的内容，要给学生提供充分发展的空间，创设有利于学生自主发展的开放式教学情境，根据学生的发展状况不断调整教学过程的每一个环节，激发学生学习的动力，促进学生在积极主动的探索过程中健康、全面、和谐地发展。开放性教学不只是一种教学方法、教学模式，它还是一种教学理念，它的根本目的是让学生的创新潜能得到充分发展，以开放的教学活动过程为路径，以最优教学效果为最终目标。

开创互动性教学，提高教学质量。互动性教学就是在教学过程中充分发挥师生双方的主动性，师生之间相互交流、相互探讨，促进师生共同发展，最终优化教学效果、共同完成教学目标的一种教学模式。互动性教学可以活跃课堂气氛，而且能够及时反馈学生的学习进度以及掌握知识的规律。互动性教学包括教与学的互动、教学理念的互动、心理的互动以及形象和情绪的互动，等等。互动性教学是一种富有生命力的创造性教学，有着现代性、互动性和启发性的特点，它不同于传统的以教师为主的灌输式教学，也不同于放任学生自由学习的"放羊"式教学，它要求教师按教学计划组织学生系统地有目的地学习，并要求教师按学生的发展要求有针对性地因材施教，促进教师努力探索、学习，不断提高自己的专业水准和教学水平，同时激发学生学习的积极性，促进学生个性的发展，提高教学效果和效率，最终提高教学质量。互动性教学以学生为主体，以教师为主导，提倡师生平等沟通、交流，让学生在没有压力的情况下轻松自由地学习，让学生参与教学计划、教学决策，有利于培养学生自觉学习和主动学习的能力以及创新学习的能力。

（二）教学方法创新

进行高校教育教学创新要注重教育思想理念的更新，要符合经济社会发展的需要，要吸取国内外教育专家的理论和经验，要坚持理论联系实际。教师要树立大教学观，积极推进实践性教学，处理好知识教学与技能培训之间的关系，把练习、见习、实习、参观、调查等环节全部纳入教学范畴，使学生在实践中学会学习、掌握知识，在实践中培养解决问题的能力。

启发式教学法，就是根据教育教学的目的、内容、学生的学习进度、知识规律和现有知识水平，采取各种教学手段，对学生通过启发、诱导的方式进行知识传授、能力培养，促进学生主动学习的一种教学方法。启发式教学法是以教师为主导、学生为主体的一种科学、民主的教学方式，它能激发学生的学习主动性和积极性，激起学生的求知欲和探索欲，让学生开动脑筋、积极思考、大胆质疑、主动实践，并在教师的引导下带着问题进行学习研究，找出解决问题的办法，以达到掌握知识的目的。启发式教学法不只是一种简单意义上的教学方法，它更是一种教学理念。因此，为了激发学生的求知欲，为了提高学生的学习兴趣和探索的欲望，以及对学生创新思维的培养，教师应当遵循大学生的认知心理规律，充分考虑学生思维的特性，采用启发式、研究式的教学方法训练学生的思维，从感知和直观开始，不断引出问题，不断创造背景，紧紧抓住学生思维的火花，循序渐进，启发并改进学生的思维方式、学习方法，让学生在不断地探索研究过程中学习，增长知识，训练思维，由被动学习转变为主动学习，最大限度地开发学生学习的潜力。

实践式教学法，就是以边讲边练的方式在实践基地中讲授理论课，通过理论与实践相互结合的方式促进师生共同完成教学任务的教学方法。在教学过程中要着重培养学生的学习能力，培养学生获得知识和运用知识的能力，把教师的讲授、辅导过程和学生的自学过程结合起来，把科学研究引入教学过程，培养学生的研究能力和创新意识；指导学生积极参加社会实践，进行社会调查与研究，在实践中学习知识；鼓励学生进行探索创新。教师讲授时要重视知识的集约化、结构化，让学生重点掌握学科的基本知识、基本结构与基本方法，并运用现代化科学技术逐步提高教学手段，提高教与学的效率，改进考试方法与教学评价制度，调动教师的教学积极性和创造性，促使学生自发地、主动地学习。在进行教学计划的过程中，教师作为学生学习过程的组织者与协调人，要精心创设情境，根据预定学习任务来制定教学内容，制定一些来源于实践活动的综合性学习任务，然后引导学生独立确定目标，让学生从一开始就参与到教学过程当中，制定学习计划并逐步实施和评价整个过程，形成实践与学习相结合的教学方式。在整个实践教学过程中，教师可以采用讨论式教学法，以及案例教学、项目教学等多种教学方式，激发学生的兴趣，培养学生独立思考的能力以及解决实际问题的能力，培养学生的科学精神、创新意识和独立人格。

不管采用何种教学方法，传授知识、培养能力、提高素质这三者在高校教育创新中都是有机的统一体，也是高校教育教学创新的最终目的，要通过教学方法的创新把这三者有机地贯彻到高校教育教学过程中去。要树立新的高校教育教学思想：教师要在充分发挥指导作用的同时抽出足够的时间和精力致力于科学研究，学生能够自由独立地学习、思考以及探索所需要掌握的知识（理论和实践），做到教学相长，教法与学法相互联系与作用，共同促进教学效果和教学质量的提高。

总之，在高校教育教学创新中要针对学生的实际情况并结合以上教学方法，才能够提高学生的综合素质，才能进一步提高学生的学习积极性，才能培养出具有一定理论知识和较强实践能力的实用型人才，才能更好地服务于社会。21 世纪是全球化的时代，是知识经济的时代，要建设高水平高质量的大学，必须建立现代教育教学模式，坚持以生为本，推动大学教学培养模式、教学内容、教学方法的创新，才能更好地适应高校教育发展的需要，为科教兴国、依法治国服务。

第四节　高等教育教学发展创新

一、寻求高等教育路径现代化

推进高等教育现代化，建设高等教育强国，必须立足于中国社会现实与实际需要，扎根于中国文化教育的土壤与血脉，吸收借鉴人类知识积累与文明成果，特别是要抓住当下中国深化改革、扩大开放、推进社会转型的良好时机，充分利用政府科教兴国、人才强国、创新富国的政策支持和资源优势，在保持高等教育规模稳步扩大、多样性与丰富性不断增强的同时，努力提升高等教育的质量与品质，认真探索适合中国社会需要和发展节奏的高等教育现代化模式。

（一）探索高等教育现代化的中国路径

在世界上人口最多的发展中国家实现高等教育现代化是宏大而独特的教育创新，也是广泛而深刻的社会变革。在这一过程中，既不能简单延续中国高等教育发展的已有经验，也不能完全模仿西方发达国家高等教育的发展模式，只能在承继历史、借鉴他人的基础上，努力探索适合中国国情、具有中国特色的高等教育现代化之路。这是中国跻身世界知识体系前沿，形成中国高等教育思想、制度和文化高地的关键所在。

1.坚持走中国特色和世界水平相统一的道路

到 2030 年，中国不仅要在高等教育规模、结构、质量、效益、公平等方面达到国际先进水平，还要为人类社会贡献中国人所创造的具有普遍意义的办学理念和可资借鉴的办学模式。将"中国特色"与"世界水平"融为一体，使其相互支撑与促进，是中国高等教育现代化探索进程中最具挑战性、最有价值的部分。强调"中国特色"并非指中国独有，而是以中国为案例，通过对这片土地上近百年的改革探索与创新实践的浓缩提炼，展示后发的人口大国面对全球化、知识经济及社会转型的多重压力，艰难生存、崛起并发展的历史经历；为人类命运共同体共同应对当前和未来全球重大问题的挑战，提供具有普遍意义、可资借鉴的经验。

2.坚持走文化优势与体制优势相结合的道路

高等教育现代化的建设路径要立足中国国情，扎根中国血脉。中华民族源远流长的文化教育传统历经人类历史长河的冲刷洗礼，不仅值得，而且必须为现代中国人所珍惜和承继，这是支撑我们生存和发展的精神基因。在高等教育现代化的过程中，要努力挖掘和弘扬中国文化传统中具有现代生命力和普遍解释力的原创性资源，树立文化自信，使现代中国的重新崛起具备坚实的文化根基。

作为"后发型"的发展中大国，中国社会对高等教育旺盛的需求与相对匮乏的资源支持形成巨大反差。我国要缩短与发达国家的差距，高等教育现代化建设要强化目标导向性决策，就要充分发挥我国社会主义制度能够集中力量办大事的政治优势；同时积极开拓和利用市场、社会等多种资源，大胆突破制度性瓶颈和体制性障碍，使高校拥有更加自主、自律发展的条件和空间。

3.坚持走教育发展与国家富强相结合的道路

从现代高等教育的发展规律来看，将知识生产、人才培养与服务国家战略有机联系在一起是发达国家高等教育机构生存发展并走向成功的共同特点。美国的许多世界一流大学都通过参加国家三大科学工程（曼哈顿工程、阿波罗登月计划、人类基因组计划）奠定和巩固自己的学术领军地位，并形成全球影响力。中国的很多高水平大学也是在高度参与国家工业化、现代化进程，对国家知识创新体系建设作出贡献而得到政府和社会认可，逐渐跻身世界一流大学行列的。高等教育发展的根本动力来自宏观经济社会需求与大学发展内在逻辑的有机结合，走向2030的中国高等教育现代化进程，必须找准高等教育和国家发展富强的结合点，在政策与实践上精准发力，走依法治教之路：一方面政府通过体制改革，简政放权，赋予高校更大的法定治理自主权；另一方面高校要加强服务国家战略需求的意愿与能力，使人才培养及学术研究的成果在国家可持续发展及现代化建设中发挥更大的作用和价值。

4.坚持走全球视野与中国意识相结合的道路

高等教育现代化是世界性趋势，需要以开放的姿态走向世界，以虚心的态度学习国外先进经验，以积极的行动参与国际交流。高等教育现代化也是本土行动，需要立足国情，针对中国社会实际问题，制定本土化解决方案。

由于中国改革发展中面临的问题既有中国特定经济社会因素，也有全球化的共同背景。因此，发现并科学解释和解决这些问题必须将全球视野和本土意识相互结合，将人类社会所积累的多学科知识、多领域经验与中国独特的文化传统和实践智慧融会贯通，走出具有中国特色的现代化建设之路。

（二）强化高等教育资源保障与政策导向

高等教育已成为人类所创造的最庞大的社会事业，其现代化建设需要投入大量人力、物力、财力及政策资源。可以说，资源保障是高等教育现代化建设的重要基础，是中国到2030年整体实现高等教育现代化的约束性条件。历史经验告诉我们，凡是跨越中等收入陷阱的国家，都是在发展的关键时期保障并提高了对教育的投入；凡是在教育上欠账的国家，都跨不过中等收入陷阱。因此，必须将资源保障提到战略高度。

1.继续加大高等教育经费投入

高等教育经费投入是衡量一个国家保持并发展其创新能力的重要指标。近年来，我国的高等教育经费虽然随着经济的不断增长而上升，但是与发达国家，尤其是高等教育强国相比，还有不小差距。为实现高等教育现代化，必须保障经费投入。

第一，加大政府投入，提高高等教育经费占GDP的比例，提高高等教育经费在国家财政支出中的比例。《中华人民共和国高等教育法》对我国高等教育经费的来源渠道有着明确规定，即"国家建立以财政拨款为主、其他多种渠道筹措高等教育经费为辅的体制"。这样的公与非公相结合的高等教育经费体制符合世界高等教育发展潮流。

第二，增强高等教育经费的多渠道筹措机制，提高非政府投入经费的总量和比例。目前，我国高等教育经费的多渠道来源主要包括学生学费、银行贷款、校企合作收入、捐赠、基金收益等。其中高校收费改革遭遇到了学费水平的"瓶颈"，高校收费制度有待创新。要打破统一学费水平的制度安排，通过价格细分，实行差异性收费。在学费标准的制定中应综合考虑学校水平、学科专业性质、学校所在地区经济发展水平、学生家庭收入水平等变量，实现学生的学费水平与学生家庭支付能力、学生培养成本以及毕业后的预期收入成正比。尊重高等教育发展水平和经济发展水平的地区差异，扩大高校收费自主权。

第三，提高高校自身经费筹措能力，丰富高等教育经费多元化投入体系。要积极扩大对高等教育的非"政府"投入。例如，在核算生均成本的基础上，针对不同地区、不同专业、不同学校、不同收入水平的学生制定不同学费标准；在成功化解目前高校债务危机的基础上，可以考虑通过立法或其他措施进一步建立和完善我国高校长期低息贷款制度以及公开发行债券制度；高校应通过科研成果转化和专利技术转让，进一步吸引社会企业增加对高校的经费投入。发展并完善创业型大学理念，借鉴国外高等教育经费投入体制改革经验，在增加政府财政拨款和社会多种资金投入的同时，增强大学自身经费筹措能力。将改革高等教育经费投入体制作为国家综合改革的重要目标之一。为实现这一改革目标，以市场为核心的筹款管理、投资管理、产业经营等营销方略将成为我国大学自力更生，从"创收"走向"盈利"的重要选择。

2.切实发挥拨款的政策导向作用

政府政策在我国高等教育的改革与发展中作用明显，这是中国高等教育的特色所在，是由我国长期以来所形成的高等教育管理体制所决定的。因此，在实现高等教育现代化的过程中，依然应该充分发挥政府政策的导向与保障作用。

当前要解决的主要问题是，如何在非竞争性经费拨款方面突出公平性，在竞争性拨款方面保持灵活性。为了能够最大限度地保障非竞争性经费拨款的公平性，实现区域高等教育的均衡发展，逐步建立和实施严格的生均拨款制度是必需的选择，即政府部门对于高等教育的非竞争性经费拨款应在参照生均培养成本的基础上严格按照在校学生数量进行拨付。由于我国区域经济发展的不平衡，高等教育生均拨款制度的建立还有赖于高等教育财政转移支付制度。在竞争性经费的拨款方面，政府部门除加大投入力度外，还应在拨款的过程中尽可能淡化身份制度和行政级别，努力打造一个公平而高效的科研竞争环境，建立起完善的绩效拨款制度。

为使政府政策资源发挥更大作用，应该进一步做到政策程序的合理性、政策面向的公平性、政策内容的科学性。为规避政策风险，预防政策失误，政策制定需要有合理依据并遵循科学程序。与经济格局一样，我国高等教育的体系内实际存在着丰富的多样性、层次性和差异性，政府应当秉持公平的原则，采取公正的立场，区别不同地区、不同层次、不同类型高校发展需要，作出资源配置上的科学决策。

3.促进形成社会广泛支持的体系及机制

现代高等教育体系内部的许多问题本质上是社会问题的反映，因此现代高等教育的改革与发展离不开社会的理解与支持，这是实现高等教育现代化的重要社会资源。社会资源对高等教育的支持表现在多个方面，如社会捐资，通过产学合作的方式支持高校科研，通过共建实习实践基地参与高校的人才培养等。充分调动社会资源参与高等教育需要政府政策的支持，需要进一步制定与完善鼓励社会机构支持参与高等教育的相关法律法规；同时高校应与社会形成良性互动关系，合作共赢，构建包括政府与社会各类机构在内的有效高等教育社会支持体系。

（三）促进中国高等教育的系统转型

21世纪的前30年，世界规模最大的中国高等教育体系经历了从精英向大众化阶段过渡，进而进入普及化阶段的历程。高等教育在这一历程中要经历脱胎换骨的变化，使同质化、封闭式的教育体系转型为多样化、开放性、协调性的教育体系。

1.适应普及要求，提升服务经济社会多样化需要的能力

多年来，我国庞大的高等教育系统一直存在同质性强、内部创新要素发育不足以及服务经济社会多样化需要的能力有限等问题。知识经济社会对高等教育需求的增加带来高等教育功能的拓展，传统高等教育难以为继，必须进行系统转型。

从东亚地区的经验看，学生的学习具有一定程度的"实用主义"色彩，在基础教育以升学为导向和高等教育以就业为导向的背景下，学生的学习动机与经济发展速度成正比，在经济腾飞阶段，经济快速增长能够提供较多、较好的就业岗位，大学生学习的积极性较高，因为毕业可以找到好工作，而经济发展进入平稳增长甚至停滞阶段，就业岗位减少，"好"的岗位远不能满足需要，学生的学习动机就会下降，厌学情绪上升。目前，我国经济发展已经由高速增长转变为平稳增长，需要高等教育的系统转型。系统转型是从性质单一的传统高等教育体系转向内涵丰富的第三级教育系统，突破原有大学教育与职业培训、正规高等教育与非正规高等教育、全日制高等教育与非全日制高等教育的藩篱，改变狭窄固化的人才培养理念和制度，培育新的教育机构和组织形态，形成能使不同人才脱颖而出的培养环境和机制；系统转型是高等教育系统在自身与外部环境的互动中，根据社会发展形势与要求，遵循高等教育自身发展规律，实现系统的全面发展与进步，这种转型是渐进式的自身发展演变，而非外部力量强力推进下的断裂式变化。

经历系统转型的现代化高等教育体系，应该既符合国家和社会优先发展目标，又保障人民群众享有基本教育权利；既适应经济社会发展需要，又满足学习者多样性需求；既与基础教育、职业教育相连接，又体现终身学习理念，综合完善的第三级教育体系。我们要从第三级教育系统的建设与完善上，统筹规划职业教育和普通教育、学校教育和终身学习、高端人才培养与大众普及教育等工作，提高教育系统的健康性，实现教育形式的多元化。

2.促进多样发展，丰富包容性教育的学制体系内涵

高等学校多样化是高等教育现代化的必然要求。现代高等教育系统发展逐渐由同质化走向多样化、异质化。未来十几年，伴随世界一流大学和一流学科建设，普通本科院校更加突出与经济社会发展结合、应用型人才培养以及现代职业教育体系建设，我国将逐步形成以"双一流"为代表的研究型大学和以应用型高校为代表的地方性、行业型本科院校以及以示范性高职为代表的高等职业技术学院，以此为基础建立起中国特色的高等教育分类体系。

明晰不同类型高等教育的层次结构、功能定位，突破人才培养的制度壁垒，打造一个同时注重应用性技能与学术创造性的第三级教育系统。以多样型人才培养体系取代将学术置于顶端、将技能置于底端的传统"金字塔形"教育体系。要完善我国高校合理定位的法规和政策体系，通过构建《普通高等学校分类标准》，完善《普通高等学校设置条例》，明确各类高等教育机构的定位，加强对不同类型高校的分类指导和管理。

要破除传统的政府或单一学术视角的高校层次分类标准，形成综合政府、社会、高校、市场的多维视野，构建起类型与层次相互结合的多元高校分类框架。真正代表普及化时代高等教育的不仅仅是少数几所一流大学，而是一流多元的高等教育体系。在这一体系中，各类高校平衡发展，各展所长，办出特色，办出水平。既有世界一流的研究型大学，也有世界一流的应用型高校和高等职业技术学院。不同类型高校的学生都能受到公平、适切的教育，成长为合格人才、有用之才。

适应和促进高等教育的办学形式、学习者的学习方式、高等教育机构的存在方式的深刻变化，在包容发展中推进多样化的高等教育。逐步形成以政府主办的公立高等教育与民办高等教育、中外合作办学、企业大学等共同包容发展的高等教育系统。为学生和社会各界提供更充分、更多样、更适切的学习机会。

3.做好制度设计，维护协调性发展布局和开放性学制体系

高等教育现代化要求高等教育有序协调发展。这种协调包括多方面多重关系的协调。基于我国地域辽阔、人口众多、发展很不平衡的现实，积极推进区域高等教育的协调发

展，不仅是教育问题，也是经济问题和政治问题。高等教育布局既要考虑不同区域经济社会发展需要，又要尊重高等教育自身发展规律，统筹和平衡高等教育规模、质量、公平与效益间的矛盾与张力，提高高等教育的聚集程度，建设世界级、全国性和区域化的高等教育中心。

开放性学制体系首先是推进高等教育体系内部的开放合作。以灵活的学习制度和教学管理制度为纽带，搭建起开放多元、便捷畅通的高等教育"立交桥"和终身学习平台。实现高等教育真正意义上的综合化，既促进校内学科专业交叉融合，又增强高校间的开放与合作，还要推进高等教育体系面向社会的开放合作。以国民教育体系为依托，充分发挥网络教育、自学考试等系统的平台作用，建立更加开放和多样化的继续教育体制框架，以企事业单位继续教育和岗位培训为重点，推进学习型组织建设。以在职学习提高为主体，促进职前教育与继续教育相互衔接，普通教育和职业教育相互沟通，有组织教育与自主学习相互补充，实现各类教育共同发展，资源共享，推进形成全民学习、终身学习的学习型社会。同时，要关注国内与国际高等教育的开放合作，搭建国际与国内高等教育交流合作网，提高高等教育的国际化水平与能力。

（四）完善高等教育治理体系

实现高等教育现代化，需要在既往改革的基础上，不断探索适应我国国情、符合世界潮流、能够推动现代化进程的制度、体制与机制。完善高等教育治理体系，实现高等教育治理能力现代化，依法治教，理顺中央政府与地方政府、高校与政府之间的关系，进一步扩大与落实高校办学自主权，完善中国特色现代大学制度建设。

1.推进两级管理三级办学制度

明确划分中央与地方政府管理高等教育的权限，逐步完善"省级统筹"的高等教育管理制度。虽然我国确立了统一领导分级管理的高等教育体制，但各种法规只对中央和地方的管理权限作了笼统的划分，许多方面缺乏明确具体的规定，导致高等教育管理往往会出现主、次要角色偏离和权限范围内、外的角色偏离等问题。适应经济体制改革的走向，适应建立条块有机结合的新型高等教育管理体制的需要，高等教育管理体制改革和布局结构调整需采取以宏观指导下的省级政府统筹为主的原则，把中央部委属高校与地方高校的改革与调整有机结合起来，在管理体制的变化中实现高等教育资源的优化调整。地方在规划和实施本地区范围高校改革与调整时，要主动统筹考虑本地区范围内包括部委属高校在内的所有高校，有关部门则应密切配合。

"完善以省级政府为主管理高等教育的体制"是《国家中长期教育改革和发展规划纲要（2010—2020 年）》提出的明确目标，也是我国具体国情的必然要求。我国作为一个发展中的大国，基本特征就是各省、自治区、直辖市之间经济社会发展很不平衡。中央政府在许多具体的高等教育管理方面难以制定并实施"一刀切"式的全国性政策。因而，在完善高等教育管理体制的改革过程中，不仅要发挥中央层面的宏观调控作用，还需要突出省级政府的区域统筹作用，做到权责一致、权力均衡、统筹和决策相统一等。

2.进一步理顺高校与政府、社会的关系

继续推进政府放权、学术事务去行政化，使高校真正成为面向社会、面向市场自主办学的法人实体。政府与高校的关系是我国高等教育改革与发展的核心问题，政府是（公办）高校的举办者和管理者，高校是具体的办学者，是高等教育活动的关键角色，具有核心地位。因此，高等教育管理制度改革的目标之一应是理顺政府教育管理职能，构建政府与高校的新型关系，切实扩大高校办学自主权，推动高校学术工作去行政化。随着中国社会经济的历史性转变，政府与高校关系的发展经历了一个由政府计划到政府监督、政府协调的过程，微观控制转变为宏观监督与协调管理，中央集权转变为分权和放权，按计划办学转变为自主办学。在这个进程中，政府引领和推动着高校的改革、发展，高校自身也在发生深刻的变革，只是不同类型、不同层次的高校变革程度不同。"政府有限干预、高校自主办学"应该成为构建政府与高校新型关系的主要目标。政府必须转变教育管理职能，认识并尊重高校区别于其他机构尤其是行政机构的特性，改变直接行政干预的单一方式，履行政策引导、统筹规划、监督管理和公共财政投入等多方面的职责。高校则要面对政府与社会问责，自主办学，接受质量和绩效评估。

高等教育现代化是国家强盛、社会繁荣、学术发达的重要表征。我们要从实现中华民族伟大复兴的历史高度和建设人力资源强国的战略全局出发，用开放的态度、国际的视野、创新的思维、认真扎实的行动，为中国高等教育的现代化目标实现贡献力量。

二、推进高等教育治理现代化

（一）现代大学制度建设决定高等教育改革发展的成败

建立健全中国特色的现代大学制度，关系到我国高等教育改革发展的成功与否。建设现代大学制度的重要前提是牢固树立依法治校观念，依法定好位，依法有序推进改革发展。我国已经建立了比较完整的教育法律制度，特别是新修订的《高等教育法》等的公布，使得依法治教办学的基础更加厚实。我国最根本的法规制度安排，是党对高校的领导，高校要培养中国特色社会主义事业的合格建设者和可靠接班人。现代大学制度就是为适应中国国情和时代要求，建设依法办学、自主管理、民主监督、社会参与的大学制度体系。形成政府宏观管理指导、大学依法自主办学、市场竞争配置、社会第三方评价支持的共主体的高等教育治理体系。建立现代大学制度主要包括两个方面的内容：一是完善大学的外部治理结构，建立政府、学校、社会之间法权边界。在遵循高等教育办学规律的基础上，依法扩大和落实大学自主办学权，明确和规范政府管理权限和职责，引导市场适度调节，促进社会有效参与和监督。二是依照现代大学内部的逻辑，理顺内部治理利益相关者的关系。完善党委领导、校长负责、教授治学、民主管理的内部治理体系，充分激活大学的创新活力，将加快我国高等教育现代化步伐，并促进一批大学和学科向世界一流水平迈进。经验表明，一些发达国家大学之所以能够成为世界一流大学并且长盛不衰，关键在于建立了与本国国情相符、科学合理的、动态调整的大学制度。当前我国正处于从高等教育大国向高等教育强国转型和改革深化的关键期，大学面临着越来越复杂的外部环境和内部利益结构，只有建立健全现代大学制度，通过完整规范的制度建设不断理顺和完善大学的各种关系，才能使大学保持旺盛的生命力，推动大学健康、有序、创新、和谐发展。换言之，要使我国大学更好地发挥社会主义制度优势，实现建设创新型国家等战略目标，就要求进一步转变治理理念、深化高等教育体制改革，探索建设符合高等教育内外规律的中国特色现代大学制度。

（二）落实管、办、评分离是现代大学治理的必然趋势

推进教育治理体系和治理能力现代化，就是要适应国家治理体系和治理能力建设，根据教育发展的自身规律和教育现代化的基本要求，以构建政府、学校、社会新型关系为核心，以推进管、办、评分离为基本要求，以转变政府职能为突破口，依法建立系统完备、科学规范、运行有效的制度体系，更好地调动中央和地方两个积极性，更好地激发每所学校的活力，更好地发挥全社会的作用。政府宏观管理，就是要转变职能简政放权、创新方式，把该放的权放掉，把该管的事管好，做到不缺位、不越位、不错位。学校自主办学，就是要依法落实学校办学主体地位，明确权利责任，自我管理、自我约束、自我发展。社会广泛参与，就是教育质量要接受社会评价、教育成果要接受社会检验、教育决策要接受社会监督，最大限度地吸引社会资源进入教育领域。政府、学校、社会，管、办、评三者之间，权责边界既应当是清晰的，又一定是相对的，既相互制约又相互支持，由此形成现代教育治理体系，不断提升现代教育治理能力。管、办、评分离的最终目的在于形成管、办、评三个主要体制制度，即依法办学、自主管理、民主监督、社会参与的现代学校制度；政事分开、权责明确、统筹协调、规范有序的教育管理体制；科学、规范、公正的教育评价制度。推进教育管、办、评分离有赖主体自觉和角色的科学分工。政府是教育政策和规划标准等的制定者、教育资源分配者、教育评价监督者，在教育治理模式的构建过程中发挥着导向和建构的作用。政府对教育治理规律和现状的认识与理解，对政府、学校、社会三者之间职能的界定等，将直接影响到治理模式的构建及最终形态。推进教育管、办、评分离，首要在于变革管理理念，并切实转变政府职能，改善监管方式，由传统管理走向现代治理。应着力改变原有自上而下高度集权的

管理模式,建立利益相关者广泛参与的治理体系;建立并完善高校法人制度,落实好法人地位,真正把教育改革发展的任务落实到学校第一线,解放一切对学校不该有的束缚。同时,在学校内部建立起科学合理的制度体系,使学校内部治理机制趋于完善,既能自主又善自律。管、办、评中的"评"不是只强化行政评价,而是在多元评价体系中弱化行政直接评价,突出权威专业机构和社会组织参与评价,既包括社会"评管",也包括社会"评办"。政府要善于运用有权威、信度高的评估结果,加强宏观调控和政策引导。

(三)在落实政府"放管服"中彰显大学办学主体性

"放管服"已成为我国政府治理国家和现代社会的重要理念。在高等教育领域落实"放管服",是对实施管、办、评分离的深化,要求在彰显大学办学主体性或自主性的同时,更强调各级政府工作人员应增强服务意识和能力。政府应与社会、学校合理分权,明确制定分权清单,着力把控好对教育事业发展起决定作用的重要事项的决策权和调控权。树立"有限政府"理念,把原先越权承担的某些责任转移给学校和社会,进一步深化教育行政审批制度改革,完全取消非行政许可审批;减少对学校办学行为的行政干预,综合运用法律政策、规划、财政拨款、标准、信息服务和必要的行政措施,引导和督促学校规范办学;推行清单管理方式,建立教育行政权力清单和责任清单制度,通过政府公报、政府网站等便于公众知晓的方式,向社会全面公开教育及相关政府部门职能、法律依据、实施主体、职责权限、管理流程、监督方式等事项,为公民、法人或者其他组织提供优质服务,让权力在阳光下运行。在有条件的地方和学校开展负面清单管理试点,清单之外的事项学校可自主施行,要尽量缩减负面清单事项的范围,更多采取事中、事后监管方式。出台国家教育标准审定办法,健全教育标准制定和审查机制,提高教育标准的权威性、适切性,形成具有国际视野、富有中国特色的分层、分类教育标准体系。

（四）加快改革和完善大学内部治理结构

政府放权力度越大，对大学自身的治理结构和治理能力的要求就越高。现代大学制度建设的核心之一就是大学的内部治理结构问题，改革和完善我国大学内部治理结构是完善中国特色现代大学制度的关键。从功能上来讲，大学内部治理结构是要建立一种以共同理想为纽带、以各种权力和谐协调为基础的内部决策结构和垂直治理结构，避免决策权处于高度集中和过度紧张的状态，从而最大限度地释放大学的教育生产力、学术创造力与思想磁场力。从水平的权力结构来看，我国大学内部决策的权力要素包括以党委为领导的政治权力、以校长为首的行政权力、以学术委员会为主的学术权力、以教代会和职代会为主的民主权力；从垂直的治理结构来看，一校一院一基层学术组织是我国大学组织结构的基本选择，从直线型走向扁平化的管理是我国大学院校关系的基本走向。我国大学权力结构总体还处于政治权力、行政权力占主导的局面，学术权力和学生权利在很多大学没有发挥出其应有的作用。在简政放权的现实背景下，学校以及学校的二级学院的自主权进一步扩大，但学校与其二级学院的自我约束与监督机制也不够到位。应从调整现行的权力结构着手，建立新的政治权力、行政权力、学术权力和民主权力之间的平衡和谐关系。公办大学在坚持和完善党委领导下的校长负责制的基本原则下，应健全议事规则与决策程序，依法落实党委、校长职权；充分发挥学术委员会在学科建设、学术评价、学术发展中的重要作用。在规范政治权力、行政权力的同时尊重学术权力，强化教师参与治理的意识，赋予教师在学术上和校内治理上更多的话语权，探索教授治学的有效途径，充分发挥教授在教学、学术研究和学校管理中的作用；加强教职工代表大会等建设，发挥群众团体的作用。推动大学治理从直线型向扁平化发展、从科层制向事业部制的转变，完善大学及其二级学院自主权的自我约束与监督机制。加强大学内二级学院的权力运行监督与约束，尽快建立学校与学院的权力清单制度，完善二级教代会制度，整合和进一步发挥二级学术委员会的作用。

（五）推进高校章程建设是健全现代大学制度的基石和标志

依法制定和实施高校章程，是现代大学的基本要素，是建立现代大学制度及落实大学法人地位的标志和基石。在我国，高校章程建设称得上是一项开创性工作。目前，全国本科高校章程起草与核准工作已基本完成，公办专科层次高校的章程起草与核准也在有序推进，实现一校一章程指日可待。制定一部高质量的章程不易，执行和实施章程更难、更重要。章程的尊严和生命力在于遵行。高校章程经过政府核准，成为规范双方权利义务关系的文本依据。高校的举办者、主管教育行政部门应当按照政校分开、管办分离的原则，以章程明确界定与学校的关系，明确学校的办学方向与发展原则，落实举办者权利、义务，保障学校的办学自主权。高校则应当按照高等教育法的规定，围绕人才培养、科学研究、服务社会、文化传承创新、国际交流合作等任务，通过章程健全学校办学自主权的行使与监督机制，明确学校内部治理结构，包括内部决策机构、行政机构、学术机构的设定，机构间的运作程序，各机构及重要岗位的职责、义务等。在章程执行过程中，要将众多的教育利益主体包含在执行主体中；对于所涉及执行主体的权责进行详尽的规定，并在此基础上形成明确而协调的大学内部治理结构；激发高校组织执行文化的内生力，将来自行政力量的制度规约最终转化为执行文化塑造，推进依法照章治校进程。章程的实施情况，是体现高校治理水平和执行力的主要标志。应建立章程实施的评估和监督机制，把章程实施情况纳入对高校评估的内容和对学校领导考核评价的内容，并通过专项评估、第三方评估等，推进高校以章程建设为核心完善制度体系，形成依法依章自主办学的格局。

（六）大学校长管理专业化是提升学校治理水平的重要途径

在我国现行高等教育的治理体系中，大学校长是大学组织的法人，既是大学组织与政府、社会联系的重要桥梁，也是党委决策与行政执行的重要纽带；既是党委决策的重要提案者，也是行政执行的组织者；既是行政系统与学术系统交互的重要结合点，也是市场竞争中的参与者。可以说，校长是大学治理中连接各种关系和主体的核心行动者，科学定位大学校长的角色和职能，在很大程度上关系着中国特色现代大学制度的成效。推进校长管理的专业化，是在日益复杂和多元的治理结构体系中充分发挥校长角色和功能的重要途径。如何按照大学书记、校长应成为教育家和政治家的要求选拔和管理校长，如何有效地提升大学校长的治理能力，都在呼唤推进校长管理的专业化进程。提升大学校长管理水平的专业化，让校长有治校的动力，保障校长应有的权力，促进校长不断提高治校的能力，这需要政府提供有效的制度安排。要让教职工，特别是教授们在选拔任用校长时有更多发言权。政府需要转变用人理念，改变简单套用党政干部的方式和思维来任命和管理大学校长，而应该认真思考如何让校长承担起高校治理中应有的责任，确保校长有依法依章治校的权力，推动校长不断提升自身治校的能力。应把校长视为一种职业，而不是行政级别色彩很浓重的职务，校长能够形成在一定意义上具有竞争性的职场，更好地为治理绩效负责，并建立起与校长自身的能力、素质和治校绩效相符的薪酬体系。对于大学校长自身来说，应该充分地认识到，在日益复杂的大学治理中，只有全身心地投入到大学治理中来，把大学治理视为"能专心的事业、有专长的从业、专门的职业"，不断提升自身的专业化水平，把高校治理作为一种具有专业性、学科性和科学性的对象进行研究和实践，在推动大学治理现代化进程中发挥"一校之长"的特殊作用。

（七）党的领导是中国特色现代高等教育治理的核心体现

世界一流高等教育的发展过程，既不是发展指标简单地一一对应，更不是对其他国家高等教育体制的简单复制和模仿。中国的独特历史、独特文化、独特国情，决定在中国建设现代高等教育的过程中既要符合高等教育的一般规律，又要走自己的高等教育发展道路，坚持中国特色的办学制度。而中国特色现代大学制度，最核心、最鲜明的体现就是党的领导。众所周知，中国是社会主义国家，中国共产党是社会主义各项事业的领导核心，中国共产党的领导是中国特色社会主义制度的本质体现，加强中国共产党的领导同样是发展中国特色现代高等教育的根本保证。办好中国特色社会主义高等教育，必须坚持以马克思主义为指导，坚持正确政治方向，全面贯彻党的教育方针，使高校成为坚持党的领导的坚强阵地。要在党的领导下，强化思想引领，牢牢把握高校意识形态工作的领导权，按照社会主义本质要求，更好地落实立德树人的根本任务，把培育和践行社会主义核心价值观融入教书育人的全过程，培养出全面发展的新人，肩负起培养社会主义事业的建设者和接班人的重大政治任务。为切实加强党对高校领导，经过长期实践探索，我国已找到并确立了适合我国国情、教情的高校领导体制，那就是党委领导下的校长负责制。国情和实践已经并将进一步证明：党委领导下的校长负责制，就是我国高校的根本领导制度和工作制度，是中国特色现代大学制度的核心，是不断推进高校治理体系和治理能力现代化的体制保障。由此，高校党委的职责更清晰：对学校工作实行全面领导，承担管党治党、办学治校主体责任，把方向、管大局、做决策、保落实。同时，要加强高校党的基层组织建设，发挥好院系党组织的政治核心作用，创新基层党建的结构和功能，改进工作机制和方式，提高做思想政治工作的能力，使每个师生党员做到在党言党、在党为党，保证监督党的路线方针政策及上级党组织决定贯彻落实。坚持和加强党的全面领导，就得全面从严治党，不断完善党对高校领导的体制机制，切实提高党领导高校改革发展的能力和水平。

第五章　高等教育教学的管理创新

第一节　高校文化管理创新

高校教育既是文化发展的重要成果，又是文化建设的重要载体。作为人才培养的基地，高校理应发挥文化育人的作用，为中国特色社会主义事业培养建设者和接班人。作为知识的集散地和思潮的发源地，高校理应成为社会文化的风向标和引领者。在推动社会主义文化大发展、大繁荣的进程中，高校一方面要加强自身的文化建设；另一方面，要承担文化传承创新、文化辐射引领和文化服务支撑的重要使命。

一、文化和文化管理的内涵及发展历程

什么是文化？随便浏览一下，就可以发现，关于文化的定义有几十甚至上百种。有意思的是，虽然文化包罗万象，但不同的定义却又殊途同归地表达着文化的基本内涵，即观念形态、精神产品、生活方式这三层含义，具体来说，它包括人们的世界观、思维方式、心理特征、价值观念、道德标准、认知能力以及从形式上看是物质的东西，但透过物质形式能反映人们观念上的差异和变化的一切精神物化产品。高校文化是高校思想、制度和精神层面的一种过程和氛围，是理想主义者的精神家园，是学校里思想启蒙、

人格唤醒和心灵震撼因素的结合体。高校应该让学校外的人神往，让学校内的人心情激动。学校是一个让我们永远怀念的场所。高校用人文精神培育出全面发展的优秀人才，使其成为民族复兴和文化复兴的中坚，引领社会前进。高校文化是知识、能力、人格的升华和结晶。

文化管理就是"人化管理"，就是以人为根本出发点，并以实现人的价值为最终目的的尊重人性的管理。这种管理是靠管理主体与管理对象之间所形成的文化力的互动来实现的。文化管理的核心是"以人为本"。

学校文化管理与企业文化管理有着密切的关系，它借鉴了企业文化管理的思想，但是学校文化管理更是它自身内在文化因素发展的必然要求。因为学校本身就是一种文化存在，是一个文化实体，它是以传承和创造文化为己任的，是以文化为中介培养人、塑造人的机构。

学校与文化的关系是其他任何社会要素、社会组织所不可比拟的，在学校管理中，更应当重视文化的因素。文化管理是学校管理顺理成章、水到渠成的结果。

学校文化管理是以文化为基础，注重学校文化建设，并利用文化要素和文化资源实施调控的学校管理活动，它具有价值性、伦理性、知识性、人本化、合作性、品牌形象性、整合性等特征。

学校文化是学校的灵魂。学校文化不仅是老师的灵魂，更是学生的灵魂。学校文化建设的核心在于师生的认同，认同的关键是参与。在学校管理工作中，制度比校长个人的经验、意志和人格魅力更重要，它更带有普遍性，起着更举足轻重的作用。

二、文化管理的特点和意义

（一）文化管理和高校文化管理的特点

1.文化管理的特点

（1）管理的中心是人

从科学管理以物为中心转变为文化管理以人为中心，人既是管理的出发点，又是管理的落脚点。尊重人、关心人、培养人、激励人、开发人的潜力，是文化管理的关键。

（2）管理的人性假设前提是"善"

科学管理把人看作"经济人"，以"性恶论"为哲学依据；文化管理把人看作"自我实现的人"和"观念人"，以"性善论"为哲学基础。

（3）控制方法追求主动

科学管理以外部控制为主，重奖重罚是主要手段；文化管理中心内置，依靠人文关怀等激励手段调动、激活行为主体的内在需求和动力，追求主动发展。

（4）管理重点为文治

科学管理直接管理人的行为，职工的一言一行都有制度约束，是典型的法治；文化管理严于管理人的思想（信念和价值观），间接影响人的行为，是一种新的管理方式——文治，即以文化来治理。

（5）领导者类型为育才型

在科学管理中，领导者恰如乐队指挥，属于指挥型领导；在文化管理中，领导者既是导师又是朋友，属于育才型领导。

（6）激励方式以内化为主

科学管理以外塑为主，依赖于工作的外部条件；文化管理以内在激励为主，着重满足职工的自尊和自我价值实现的需要，依赖于工作本身的魅力。

（7）管理特色具有人情味

科学管理的特色是纯理性管理，排斥感情因素；文化管理的特色是将理性与非理性相结合，是有人情味的管理。

（8）组织形式具有开放性

在科学管理中，权力结构明确，是"金字塔形"组织；在文化管理中，权力结构模糊，管理者与被管理者更为平等，是平等沟通、自我学习的学习型组织。

（9）管理手段具备"软"特征

科学管理是依靠强制性的制度和物质手段的投入；文化管理是依靠思想交流、价值观的认同、感情的互动和风气的熏陶，即依靠非强制性和非物质性手段的投入。管理由硬管理为主走向软硬结合，以软管理为主。

（10）管理者和被管理者的关系改变为同伴互助

科学管理强调了上级与下级之间的关系，管理者靠制度约束人；文化管理中管理者和被管理者是为了共同的目标而携手并进的，是合作伙伴关系。

2.高校文化管理的特点

突出"以文化人"的教化性，这是高校文化区别于其他文化形态的重要特质；注重主流价值的导向性，这是建设社会主义高校文化的必然要求；建设各具特色的高校文化，这是各个高校张扬个性、增强文化发展生命力的关键所在。

（1）教化性

以人才培养为天职，高校文化必须始终围绕育人这一中心任务展开。高校教育教学"以文化人"，即通过文化潜移默化地感染人、熏陶人、教化人，从而达到情感陶冶、思想感化、价值认同、行为养成的功效。按照马克思主义的观点，教育的目的是促进人的全面发展，高校文化育人的过程实际上就是塑造健全人格、开发智力潜能、丰富生命内涵，使受教育者得到自由、全面、完整的发展过程。

（2）导向性

文化并非一个中性的概念，其本身具有鲜明的价值取向。当今社会呈现出多元思想文化相互交织、相互激荡的格局，需要一个占主导、支配地位的价值观来引领高校文化建设。在高校文化建设中，必须坚持以马克思主义为指导，坚持不懈地用中国特色社会主义理论体系教育师生，推动中国特色社会主义理论体系进教材、进课堂、进头脑；加强理想信念教育、弘扬以爱国主义为核心的民族精神和以改革创新为核心的时代精神；深入开展社会主义荣辱观教育和社会主义核心价值体系建设，全面加强学校思想道德体系建设。

（3）独特性

有个性、有魅力、特色鲜明的高校文化才是有生命力的文化。虽然高校精神具有探索真理、崇尚学术、传承文化等共性追求，但由于各个高校文化传统、类型风格各异，社会对高校的需求多样化。因此，必须建设和发展各具个性的高校文化，营造不同类型、不同层次、不同风格的高校文化形态，形成异彩纷呈、和谐互补的整体高校文化格局。多年来，我国不少高校办学定位趋同、办学理念雷同，导致高校文化建设缺乏个性，存在着同质化的倾向。高校应从发掘历史积淀入手，提炼出自身独特的校训精神，诠释本校师生坚忍刻苦、自强不息的风貌品格，强化学校文化建设的个性色彩与独特魅力。

（二）高校文化管理的意义

文化，是一种历久的精神创造活动及其成果。对一个民族来说，文化是民族之根；对于一个国家来说，文化是国家之魂。纵观高校发展的历史，高校管理正经历着从经验管理、制度管理（科学管理）向文化管理转型的历程。学校文化管理是一种新型的更高级的管理形态，是学校经验管理、制度管理（科学管理）的总结和升华，是管理内容的回归，是与知识经济时代相适应的学校新的管理方式。作为学校管理者，构建文化校园，积极推进学校文化管理具有极其重要而深远的意义。

随着社会主义市场经济体制的建立和完善，学校建设也逐渐引入了市场力量，学校之间的竞争在逐渐加剧。学校要在竞争中处于优势地位，必须具备某种核心能力，充分发挥文化传承创新功能、文化辐射引领功能和文化服务支撑功能，从而助推学校的发展。文化对学校和人的发展存在的影响可以从深、广、远、忧四种状况来理解：①深。学校文化管理是一种内隐的、深层次的、无形的力量，这种力量决定着学校的改革、发展和成败。学校文化具有导向功能、提升功能、凝聚功能、激励功能和稳定功能，为学校的发展带来动力。②广。文化无处不存在、无时不体现，弥漫在整个学校的全部生活之中，甚至影响到社区文化和城市文化。③远。与生俱在、与校共存、与人同享，在学生时代有幸经历的先进学校文化熏陶会一辈子回味无穷、受用不尽。④忧。市场经济急剧发展，竞争空前激烈。社会财富增加，但文化价值导向滞后。先进学校文化建设是学校优质发展的根本，没有文化的学校是薄弱的学校。因此，只有学校文化，只有学校的不同追求、不同理想、不同价值取向以及由此形成的不同管理风格、工作方式和生活方式，才是一所学校区别于其他学校的根本特征。

高校文化的内部功能主要表现为教化育人，高校文化的外部功能则包括文化的传承与创新、传播与辐射、示范与引领、服务与支撑诸多方面。高校在服务文化发展、促进文化繁荣方面重任在肩，大有可为。

1.文化传承创新功能

高校既是一种教育机构，又是一种文化存在，传授知识、传承文化是高校与生俱来的职责。传承是创新的前提，创新的方式则是扬弃，在掌握前人积累的文化成果的基础上，去粗取精，赋予新义，创立新知识，形成新文化。高校正是这种新知识、新思想、新理论的重要摇篮，通过继承民族优秀文化，借鉴世界进步文化，创造时代先进文化，丰富精神文化的内涵，充实人类智慧的宝库，推动社会文明进步。

2.文化辐射引领功能

高校是社会文化的组成部分，同时又以其自身的优势深刻影响着社会文化。高校是研究高深学问、探索真理的知识殿堂，也是高学历、高层次人才相对集中的地方，承担着影响、辐射、引领社会文化的功能。高校文化通过价值判断引领社会的文化选择，通过升华大众文化、超越流行文化、彰显高雅文化、强化主流文化，对社会文化起着积极的辐射和示范作用，引领社会文化向着健康方向、更高层次发展。从历史上看，高校一直是各种新思想新理论的发源地，是各类思潮和运动的策源地，历来引领文化风气之先。在历史的转折关口，往往是高校率先高擎时代的火炬，高校文化对整体文化质态的建构和文化精神的塑造具有辐射、提升、示范和引领作用。

3.文化服务支撑功能

高校不仅以独特的高校文化影响社会文化，更以培养的大批人才去带动社会文化的发展，通过科学研究和直接的社会服务，推动社会文化的进程。在新的历史条件下，高校要充分发挥文化建设的人才库、智囊团和思想库作用，提升服务社会主义文化发展的意识和能力，为发展文化事业、文化产业及深化文化体制改革输送优秀人才，提供智力支持。高校应加强文化领域的专业建设，增加优秀传统文化课程内容，建设优秀传统文化教学研究基地，为社会输送大批高质量的优秀专业人才；应加强文化领域的学术研究，繁荣发展哲学社会科学，不断推出理论研究和文化创作的精品力作；应积极参与构建有利于文化繁荣发展的体制机制，拓展为发展文化事业和文化产业及深化文化体制改革服务的渠道，壮大文化志愿者队伍，开展各类群众性精神文明创建活动；应积极构建国际文化交流平台，推动文化"请进来"和"走出去"，为提升国家文化软实力、增强国际话语权作出应有的贡献。

三、学校文化管理的构建

针对高校文化素质教育管理存在的问题，应致力于学校文化建设。相对于学校硬环境建设和制度建设，学校文化建设具有看不见、摸不着的隐性特点，需要我们作出更加艰巨、更加长期的努力。

学校文化与制度管理是有机统一、互为补充的。做管理工作最终的落脚点是人的思想问题。严格管理的规范制度能否落实到位，取决于人的思想高度和认识程度。学校文化必将为制度管理提供一个人文环境。

可以说，文化与制度的关系一如道德与法律，学校文化是学校制度的有益补充，两者相互统一。总之，学校文化的出现和完善不仅是学校发展的必然，也将是传统教育方式向素质教育方式转变的必由之路。这种文化又是人的文化，是以人为本的文化，突出"人文""人本""人情""人性""人权"在管理中的作用，从而形成一个强大的"磁场"。它是弥漫在空气中的一种精神存在，在每一位师生的呼吸吐纳中化为一种气质、一份修养，或见于谈吐，或形于笔端，形成学校管理的文化，即所谓的管理文化。校园文化建设在学校管理中的作用按其不同层次来划分，主要表现在以下几个方面。

（一）用物质文化陶冶人

校园物质文化是校园的外显文化，是以某种文字符号为载体，将校园精神显现于校园的各种标志物之中，如校服、校歌、校刊、校报、雕塑、学校建筑、艺术节、文化墙、名言警句等，它是校园思想文化建设的前提和条件，是思想文化、制度文化赖以生存发展的基础和载体，有利于陶冶师生的情操。优美的校园环境有春风化雨、润物无声的作用，如诗如画的校园风光、干净整洁的校园环境、美观科学的教室布置、文明健康的文化教育设施……无不给学生以巨大的精神力量。学生在优美的校园环境中受到感染和熏陶，触景生情，因美生爱，从而激发学生爱学校、爱老师、爱同学、爱家乡、爱祖国的高尚情操；学生在幽静的环境中学习，感到舒心怡神，从而增强对环境的保护意识。所有这些都有利于学生正确的世界观、人生观、价值观的形成。

（二）用制度文化规范人

校园制度文化是指校园人在交往过程中缔结的社会关系，以及用于调控这些关系的规范体系，是校园一切活动的准则，它包括相关的法律法规、学校管理体制及其规章制度、组织机构及其运行机制、特定的行为规范等。

校园制度文化从根本上决定着校园的正常运行和创新发展，是校园思想文化的保证。建立和健全学校规章制度，塑造良好的校园制度文化，是校园文化建设的重要内容，也是提高学校有效执行力的重要保障。制度文化以其导向性与规范性、稳定性与发展性、科学性与教育性的特征彰显校园文化。

（三）用思想文化凝聚人

校园思想文化是指学校在长期办学过程中形成的一种学校意识和文化观念，它是一种深层次的校园文化，是校园文化的灵魂，主要体现在班风、校风的建设上。班风、校风看不见、摸不着，但它表现在校园内多种文化载体及其行为主体上，让人时时处处切实感受到它独特的感染力、凝聚力、震撼力。置身其中，受教育者无须教育者更多的说教，便会自然而然地、不知不觉地感悟它对心灵的净化和情操的熏陶。校园思想文化是校园的内隐文化，是校园文化的深层内涵，是在长期的校园物质文化、校园制度文化和校园行为文化的建设过程中积淀、整合、提炼出来的，反映学校广大师生员工共同的理想目标、文化传统、学术风范和行为准则的价值观念体系，难以用文字、符号表达出来。校园思想文化是一所学校整体面貌、水平、特色、凝聚力、感召力和生命力的体现。

校园思想文化作为一种强大的教育力量，对广大师生的健康成长有着巨大的影响：一是导向功能，即指导个人正确认识和处理个人与学校组织的关系，把个人行为引导到学校组织目标上来，使他们向着学校期望的方向发展；二是凝聚功能，即思想文化起着心灵黏合剂的作用，它把各个方面、各个层次的人都聚合到一起，使师生员工对学校产生一种使命感、自豪感、归属感，形成强烈的向心力、凝聚力和群体意识；三是激励功能，即思想文化往往能产生一种激励机制，激起校园人的积极性、主动性与创造性，使学校成员保持高昂的情绪和奋进精神，获得各种精神需求的满足；四是控制功能，即思想文化具有强大的心理制约力量，使校园人接受必要的约束，使个体行为符合共同的准则；五是辐射功能，即校园思想文化以其独特的方式，在对师生教育、影响的同时，也对周边及社会产生影响。

第二节　高校学生管理创新

21 世纪是知识和信息的时代，我们面临的经济和政治环境已经发生了深刻的变化，在校的高校学生是未来社会的知识精英和国家未来的栋梁，他们的素质如何，将直接关系到我国社会主义事业是否会后继有人，关系到中华民族的伟大复兴。高等学校是培养和造就适应 21 世纪社会发展的合格人才的基地，其培养的目标是具有创新精神和实践能力的高级人才，科学、规范、创新的学生管理工作是实现这一目标的重要保证。学生管理工作是高校各项工作的主要组成部分，它体现着一个学校的校风、校貌，是一个学校管理水平高低的主要标志，而学校管理水平的高低已成为衡量学校综合水平和学生素质的一个标准。在当前等新形势下，高校学生管理工作出现了许多新情况、新问题，如何使学生管理工作科学化、制度化、法治化，培养出大批合格的人才是当前学校管理研究的一个重要课题，也是公共管理学研究的重要内容。

学生管理工作是高校教育教学工作的重要组成部分。近年来，随着我国社会体制改革和高校教育改革的进一步深化，高校学生的学习和生活环境发生了新的变化，高校学生管理工作也面临新的挑战。

随着我国社会主义市场经济体制的逐步建立和完善,学生成长的外部环境和内在因素发生了很大的变化。教学管理制度的改革、收费制度的改革、高校后勤社会化、就业形势变化等,都给学生管理工作带来了许多思想认识和教育观念方面的新变化。加强和改进高校学生管理工作的对策是:在明确管理目标的基础上,树立科学的管理理念。高校学生管理工作应变被动为主动,"以人为本",强调学生的主体性,注重学生的主观特性,尊重学生的个性发展;坚持教育与管理相结合,强化学生自我管理。在此基础上,还应积极探索新的管理模式,完善学生管理体制,建立变分散为集中的管理,变多中心"小而全"为集中的"精而专",变间接管理为直接管理;健全学生管理制度,使高校管理科学化、法治化;积极运用管理进网络、管理进社团、管理进公寓等新手段,拓展学生管理工作空间,运用现代化的教育管理手段,使高校学生管理工作进一步科学化、制度化、规范化。

一、高校学生的特点

（一）思想认识多元化

作为学生管理工作的客体,高校学生一般具有以下特征:一是思想具有社会性。高校学生思想状态源于社会,紧跟时代步伐,社会上的一切重大情况、现象及其对青年的影响都会从高校学生身上表现出来。二是认知具有能动性。高校学生是最富有主观能动性和积极创造性活力的群体,他们在接受思想政治教育时往往从自己的主观出发,具有主动的选择意向,这也体现了他们独具个性的自我认知状态。三是身心的可变性。高校学生是一群从生理到心理正在趋向成熟的群体,特别在心理上、思想上,可塑性极大。在时代变动、社会转型的宏观背景下,有理想、有追求是学生的主体要求。通过大量的问卷调查和对座谈会记录的分析,可以肯定的是,学生的主流是好的,他们有较高的思想素质和道德观念,有较强的责任感和使命感,其思想状况可以概括为以下几个方面。

1.爱国热情高涨，理想信念坚定

从总体上看，当前高校学生的思想政治状况是积极、健康、向上的，主流是好的。令人欣喜的是，高校学生保持了较高的爱国热情，能理性地看待国家改革、发展面临的机遇和困难，对保持稳定的政治局势和经济的可持续发展有信心。高校学生所密切关注的国内外大事和工作主要集中在涉及国家根本利益和建交关系上。今天的高校学生，把个人的前途同国家的发展联系在一起，因而他们关心国家大事，关心国家的发展，也关注着发展中存在的问题。有所不同的是，对发展中存在的问题，今天的高校学生分析判断的能力增强了，观察分析问题比较客观、冷静，多了一份理性思考，少了一份情绪激进，应该说，这是高校学生思想成熟的表现。

2.健康积极看待人生，务实进取实现自我

健康积极、务实进取是学生人生观和价值观的主流。相比以往，今天的高校学生更加注重自我价值的实现，并渴望能将对社会的贡献和个人价值的实现统一起来。高校学生健康积极的人生态度主要表现在绝大多数学生的基本价值判断上。

学生务实进取，有着强烈的社会责任感和历史责任感，他们渴望施展才华，为国家和社会作出自己的贡献。在处理个人、集体、国家三者利益关系的问题上，大多数学生认为"在关键时刻个人利益要服从国家和集体的利益"。同时，对于社会公益活动，如献血和志愿者服务等，绝大多数学生表示乐于参加。尽管高校学生人生价值观主流健康向上，在价值判断上高度认同奉献精神、社会责任感、国家和集体的利益高于一切等，但在具体的价值选择上，部分高校学生更加注重自我发展、自我实现，这使得学生的人生观、价值观呈现出多样化的特征。

3.拥护高校教育改革，注重全面素质提高

随着我国高校教育改革的不断深入，改革的成果正在逐步显现出来，高校学生作为这些改革措施最直接的受益者，自然地成了高校教育改革的拥护者和促进者。与改革相伴而来的是社会的快速发展，激发了学生成功、成才的愿望和自觉性，使学生更加注重自身素质的提高。

高校学生十分关注学校的建设和发展,对高校教育改革,特别是其中有利于自身发展、提升自己社会竞争力的改革高度认同。学生赞同全面推进素质教育、深化教学改革,对改革毕业生就业制度和鼓励高校学生自主创业持肯定态度。高校学生们认为,高校后勤社会化改革转变了高校后勤的社会服务意识和服务观念,使学校的学习、生活条件有了一定的改善。身处校园的高校学生已经逐渐开始走向社会,他们渴望通过高校的学习来丰富和完善自己,占领就业上的制高点,赢得发展上的主动权。相比以往,高校校园学习气氛更加浓厚,学风也有了明显好转。由于社会和家庭环境等多方面的影响,高校学生在智能结构、性格特征、心理品质和社会使命感等方面又有与同龄人不同的表现:①自我意识突出,自主性较强。由于知识储量的增加,高校学生追求自我选择、自我内化,这是高校学生与同龄人区别最显著的标志。由于高校学生自我意识突出,自主性较强,他们会千方百计地实现自我价值,使高校学生群体呈现出勇于创新的勃勃生机。但是,如果有的学生自主选择不当,选择的方向和内容就会与社会要求不相适应,甚至有违背社会政治道德的倾向。因此,加强学生管理工作,帮助他们树立正确的人生观和价值观,引导他们把自我价值的实现与国家、社会的需要紧密地结合起来是十分必要的。②社会责任感呈现情绪化色彩。高校学生具有较强的社会责任感。但是,由于社会经验不足,高校学生的社会责任感往往带有情绪色彩,在社会发生重大事件的关键时刻常常出现偏差,导致事件的后果和预期不同。这更加说明要加强学生管理工作,时刻关注他们的思想动态,引导、帮助高校学生健康成长。

(二)生活学习方式多样化

学生从高中升入大学、高职、高专后,就进入人生一个新的起点。不管是在学习上还是在生活上都会与原来有很大的不同。

1.生活方式多样化

生活方式是指人们在衣、食、住、行、爱好、文化活动、民俗风气等方面的方式和行为习惯。在高校里,每一个学生的生活方式都不尽相同,有的学生把自己大量的时间都放在学习上；有的学生利用业余时间来打工挣钱；有的学生喜欢运动；有的学生喜欢和同学们结伴去旅游等。

2.学习方式多样化

进入高校后，高校学生普遍感到知识浩如烟海，各类活动繁多，这为每个人的发展提供了广阔的天地。以什么样的学习方式才可以处理好课本知识与课外知识、专业学习与能力培养等诸多方面的关系是许多高校学生深感矛盾、困惑的问题。高校学生的学习除了听课这一主要途径外，还有自学途径、学术交流途径、多媒体教学途径、社会实践途径等。以多样的学习方式进行学习是学生必须掌握的一项基本功。

高校学生学习和获得知识的方式和渠道多种多样，随着学分制的推行和素质教育要求的提出，高校学生自选专业、自修课程、自定目标、自我发展的意识相对增强了；随着高校学生居住公寓化和后勤服务社会化的不断完善，因住宿、生活、学习而结识在一起的高校学生群体逐步在增强和扩大，这些都是学生学习方式和组织形式多元化的具体表现。

3.性格特征复杂化

高校学生性格特征的复杂化主要在以下几种现象中特别突出。

（1）务实与实惠的调和

高校学生能较冷静理智地看待社会实际，但更多地关注与他们自身的生存发展相连的社会实际。个人发展机会、职位的高低和工资收入成为高校学生择业的重要评价指标或选择条件。

（2）渴望与满足的不协调性

高校学生迫切了解新知识、吸收新观念，对知识学习的要求较为强烈，选择知识的目的性逐步增强，但不能只满足热门、自己的喜好和眼前的需要，对自己的业务知识、能力水平、综合素质等方面需要有正确的判断，并制定更高、更全面、更长远的目标与要求。

（3）心理及个性化发展的不协调性

在现在的高校学生中，独生子女的比例较高，他们具有较强的自我意识、竞争意识和自强精神，追求个性化发展。因此，他们的集体主义观念、团队协作精神需要提高。一些学生对学校、社会的期望值较高，但对社会的复杂性认识不够；自我意识较强，重视自我价值，但对现实自我价值的认识不足。

二、加强和改进高校学生管理工作

（一）明确管理目标

高校是依据培养目标来实施管理的。从四个方面去考核管理目标是比较合理的。

1.心态方面

心态其实是决定一切的。这个心态应该是科学的、贴近实际的、符合社会发展方向的、中西方先进理念相结合的。

高校学生要有很强烈的社会责任感。今天的高校学生就是明天祖国的栋梁，他们在社会主义现代化的进程中起到了举足轻重的作用。要有意识地给他们压担子，让他们多参加社会实践，帮助他们尽快地接受这个社会，热爱这个社会，报效这个社会，对今天高校学生的要求是要让他们有理性的思考。

2.文化方面

应该说，中西方文化并不是对立的，它们都是现代文明的一笔丰厚的遗产。要特别注意培养高校学生的团队合作能力，要组织他们共同做事情，潜移默化地告诉他们合作的重要性。

3.消费观方面

高校学生要有正确的消费观，今天的高校学生享受到了改革开放带来的成果，要看到享受这个成果本身也是经济发展的需要。当然，也要引导他们量力而行，把自己的消费建立在可行的基础上，建立在科学的基础上。

4.文明礼貌方面

要引导学生做一个有文明礼貌、尊老爱幼的有良好品行的人。现在国门大开，许多人有机会到国外去旅游观光，要引导他们做一个高尚的人，做一个能被世界接受的人。

（二）树立科学的管理理念

21 世纪高素质、高质量的人才是具有高度责任感、熟悉中国国情、致力于解决中国及世界经济建设和社会发展的实际问题的人才；是具有创新精神、创业精神、创新能力、实践能力，有能力解决中国及世界经济建设和社会发展实际问题的人才；是能活跃于国际舞台、活跃于信息化时代、活跃于市场经济条件下的竞争环境、活跃于终身学习社会的人才，而高校的任务正是要为社会管理出这样的人才。因此，这就需要高校树立科学的管理理念。

第一，营造环境的重要性。具体表现为：①营造好的制度氛围。我国正在做这方面的努力，尽管成果初现，但是还不尽如人意，要从制度做起，要营造积极的小环境。实践证明这是可行的，如有些学校优美如画的校园、良好的道德环境、和谐的人际关系等小环境就非常有利于学生的健康发展。②学校领导和教职员工的示范效应。如果家长是学生的第一任老师，那么学校领导和广大的教职员工就是学生的第二任老师。心理和社会角色定位使学生的言行富有模仿性，也最信赖他们的老师，把教师看作知识的化身、高尚人格的代表以及他们天然的学习榜样。教师的示范效应是由于学生本身的心理角色定位而形成的。因此，对学生的要求也就是对老师自己本身的要求，按照"社会认同原理"，一定要做学生的楷模和偶像。③运用管理学的"破窗原理"，发现有不好的现象及时地消除掉。管理学的"破窗原理"是指有一扇窗户玻璃被打碎了，如果不及时修补，那么第二块、第三块，乃至第四块、第五块很快也会被打碎的。对学校出现的不好的现象一定要及时纠正。

第二，管理必须以学生为中心。在高校教育改革不断深化的今天，学生管理者应重视转变管理观念，只有管理观念的更新，才能实现学生管理的创新，做到既按照合格人才的标准严格要求、精心管理，又根据学生特点，充分发挥其良好个性；既坚持宏观指导，又深入学生进行个别引导、教育；既坚持用统一的制度和培养标准去要求学生，又坚持按不同层次评价和教育管理学生；既坚持宽严结合，又做到动态管理，从而提高管理的实效性和科学性，促进管理水平迈上一个新的台阶，更好地实现学校培养"四有"合格人才的目标。树立"以人为本"的管理思想是做好高校学生管理工作的首要前提。人本理论是现代管理科学经常用到的主要理论之一，它在现代企业管理中起着很大的作用。现在，我们从教育管理这一角度探讨人本理论在高校学生管理工作中的应用，树立学生管理工作人本价值观，以人为本，尊重人的本质的主体性、能动性和多样性，这是学生管理工作从传统走向现代的创新之路。

第三，要注重人的主体性。在学生管理工作的过程中，高校学生既是管理的客体，又是管理的主体。因为高校学生管理归根到底是对学生的管理，从管理的决策、组织实施到目标的实现，都要依靠高校学生，故高校学生是管理中的主体；高校学生还需要管理者的教育引导，他同时也是被管理者，从这一层面来说，高校学生又是管理的客体，两者应是辩证统一的。所以，在管理工作中应该确立"以高校学生为中心"的思想，开展的一切管理活动都是为了服务于高校学生，要尊重高校学生的人格特点，最大限度地发挥学生的主动性与创造性，使之能够以主体的姿态积极参与管理活动，主动接受管理和开展自我管理。

第四，要注重人的主观特性。人是有思想感情的，人的认识过程是一个复杂的系统，理性的思维过程是建立在情感、欲望等主观特性基础上的，它必须以人的基本要求、积极情感和意欲作为动力，正所谓"理乃情之所系"。列宁说过："没有人的情感，就从来没有，也不可能有人对真理的追求。"如果人的非理性本能要求、情感经常处于被压抑的状态，就不会有真正的理性之光。心理学研究表明：人与人之间的信息交流与传递必须具有一定的心理基础，如果在信任心理基础上进行交流，教育者发生的思想信息和目标要求往往会被受教育者顺畅地接受，并能产生积极的行为效应。高校学生管理工作主要是由高校学生管理者和高校学生组成，他们纯粹是由"人—人"构成的管理系统，如果在管理中不充分渗透"人性"，重视师生的情感交流，就难以调动学生的积极性和主动性。所谓情感管理是指在管理过程中尊重人的个性特点、考虑人的情感因素，强调师生之间进行双向情感交流，尊重人的情感，其关键在于"以情感人"。这就要求管理者在按章办事的同时，真心实意地为学生服务，急学生之所急，想学生之所想，对学生进行情感投入，同时也注意把握学生的情感反应，通过情感沟通，了解学生的实际情况和出现的问题，并给予指引和教育，以达到有效管理的目的。

第五，要尊重人的个体多样化。人的个性是客观存在的，由于人性是历史的，也是具体的，而不是抽象的、超历史的，因此人都具有个体差异，表现出各种不同、多姿多彩的个性。作为管理对象的人，具有不同的社会属性和时间、空间属性。管理对象个体由于学习动机、兴趣、价值观等的影响和支配以及原有的知识经验、情感意志等因素的制约，在接受教育管理中，个体的思想行为必然带有鲜明的个性色彩，对同一问题具有不同的看法和态度。这就要求我们在做学生管理工作的时候，要面对现实的人，全面准确地把握不同的管理对象所具有的共同特征和个性差异，针对不同对象的思想实际，制定不同的计划，提出不同层次的要求，并且运用不同的方法，有的放矢地解决不同管理对象的各种思想矛盾和思想问题。高校学生由于家庭条件、社会经历、个性特点、气质、能力和兴趣爱好的不同，思想活动的内容和特点也就千差万别、错综复杂。

因此，在教育管理过程中，必须尊重学生的个性发展，因人而异、因材施教，要把学生管理工作做得有差异性和针对性。高校学生管理工作要以学生为中心，具体应该做到以下几点。

第一，学校的主体是学生，一定要坚持以学生为中心。市场经济有一个很重要的理念就是：客户不一定都对，但客户都很重要。用到学校应该是：学生不一定都对，但学生都很重要。有了这样的理念，一定能做好学生工作。学生和老师不是对立的，而是同一个硬币的两面，教育与被教育是相辅相成的。这个理念要求学校要经常开展老师与学生之间的对话与沟通。老师在教育学生的同时，自己也在接受教育；学生在接受老师教育的同时，也潜在地影响着老师。

第二，学生管理要重在服务。以人为本要落实在每一件工作中，服务是互相的，服务是高尚的，服务要发生在每个人的身上。

第三，强调自我管理模式。学生自我管理，是指学生在学校指导下根据教育目的和培养目标的要求，运用现代科学管理方法，对自己的思想和行为进行自我调节和自我控制的过程，是学生自我认识的提高、自尊心的形成、自觉行为习惯品质的养成和自我奋发精神的培养过程。为了适应新形势、新情况，学生管理工作要从以学校管理为主向学生自主管理转变，要让学生了解学校的管理目标，化管理为高校学生的自觉行为。从心理学上说，任何人都不希望有人管理，可以有领袖、有楷模，但不要有管理。学生的自我管理应该体现在：首先，由他们自己设定管理规范，由自己设定的管理规范，在执行起来自觉性要高得多；其次，这个规范尽可能地自由多一些，限制少一些，文化多一些，制度少一些；最后，要让更多的学生参与管理，发挥他们的聪明才智，使学生在自己管理自己的过程中，既发挥自己的才能，锻炼、培养自己，又对自己的行为有所约束，使学生在具有健全人格的基础上，千姿百态，各展其能。不要让少数人管理多数人，最好能让大家都有参与管理的机会，这样可以加强沟通和理解，也可以在管理中发现更多的人才。高校在强化学生自我管理的同时，还要注意帮助学生明确自我管理的意义，指导学生运用自我管理的方法，提供学生自我管理的机会等。

第四，以表扬为主，建立激励机制。常用的激励方法有：①理想激励法，即通过激发学生的理想追求，鼓励学生为实现自己的人生价值而努力学习和工作，这种激励法可以增强学生的自豪感；②目标激励法，即通过引导高校学生不断朝着制定的目标奋进，使他们感到学习工作有奔头，这种激励法可以增强高校学生的责任感；③信息激励法，就是信息的交流与反馈，使高校学生明确自己学习工作进展的情况，从而引发高校学生的危机感,增强其紧迫感,使其更加努力地朝着目标奋进;④精神激励法,就是从高校学生的文化精神生活出发,通过表扬或授予一定的荣誉称号等来鼓励他们不断前进;⑤物质激励法,就是通过一定的物质奖励手段来满足学生的生活需要,调动他们的积极性,增强他们的实惠感。在运用激励法时要因人、因事、因地灵活运用,并且要讲究时机,适度运用,这样管理就会取得更好的成效,管理水平也会自然而然地提高。

三、完善学生管理体制

学生管理是对在校学生的全方位管理,内容比较广泛,涉及学校的多个部门,需要各部门协调一致,理顺各部门关系形成合力,以应对学生管理面临的新问题。在高校学生管理工作中,一是要加强学生工作机构的建设,强化其组织协调功能。理顺学生管理系统各部门、各层次、各岗位的职责权限关系,建立健全责任制,做到责任到岗,责任到人,责、权、利相统一。二是要适当放权,发挥基层作用。现行的高校管理体制是以校、系两级职责分明、条块结合的学生工作网络和运行机制为显著特征的,校、系应组织担负对学生进行思想教育和行政管理的双重任务。因此,既要赋予系开展学生管理工作的职责,又要让其拥有开展学生管理工作所需要的权力,做到责权统一。适当下放管理权限给各个系,便于其及时发现问题,及时教育处理,可提高管理工作的实效性。三是进一步推行校系一级学生工作体制的党政融合,协调统一。四是实行年级辅导员制,与学分制相适应。强化以系为单位的年级管理,进一步增强班级管理、专业教学之间的融合力度。但强化并不否认班级管理,因为在学分制的条件下,学生班级仍然是一个重要的学生单元组合,应纳入学生管理体制。

四、健全学生管理制度

学生是学校最大的群体，学生管理工作的成效直接关系到整个高校的稳定与发展。高校教育改革迅猛发展，使高校越来越成为没有"围墙"的校园。高校学生智商高、知识面广、观念更新周期短、法律意识不断增强，高校学生个体之间、个体与学校之间的权利和利益关系也变得更加复杂，这迫切要求学生管理工作要运用法律和规章制度调节规范各主体之间的关系。依法治校、依法对高校学生进行教育和管理是高校教育的任务，也是高校学生管理工作的指导思想。因此，建立科学、规范、完整的学生工作规章制度是学生管理工作的需要。高校应按照国家有关法律规定，依据本校实际情况，制定完整的、可操作性强的程序、步骤和规章制度，并以此规范学生的行为，行使有效的管理。

第一，高校在对学生的管理中，必须依法制定全方位的规章制度，并对现有的规章和条例进行清理和修订，过去行之有效的方法和改革成果应予以继承，同时要充分考虑整个社会法制的进步和依法治校原则对学生管理的要求，无论是修订原有的规章制度，还是重新制定规章制度，都要注意与国家的法律法规、方针政策相一致，在规范管理的同时，要注意保护学生享有的合法权益，真正体现法的价值。

第二，要更正一种错误观念，即仅仅将法律作为一种工具和手段来治理学校和办理一切事情，把法治化管理理解为"以罚治校，以罚代管"。"管理"并非管制，"管理"是管理和服务的统一，要把法律作为管理学校的依据和最高权威，因为法律除具有惩罚、警戒、预防违法行为的功能，更重要的是还有评价、指引、预测人们行为，保护、奖励合法行为以及思想教育等基础功能。

第三，建立学生保护机制，保护学生的合法权益。可以建立学生申诉制度，使学生权利得到保护。

五、改进学生管理方式

高校学生管理工作应以改革创新的精神，积极探索新途径、新方法、新手段，大力推进学生管理工作进网络、进社团、进公寓，形成学生管理的新格局。

（一）学生管理工作进网络

网络技术使教育发生了根本变革，它日益成为高校学生获取知识和各种信息的重要手段。网络文化具有内容丰富、传播快捷、环境放宽、覆盖面广、难以监控等特点。高校应充分利用网络这一现代化手段，搭建起有效的信息网络，积极拓展高校学生管理工作的新领域。计算机技术是信息时代的高科技技术，是高校学生必须掌握的一门应用技术。因此，要正确引导和教育学生健康地使用计算机，真正提高高校学生的网络知识层次和上网水平。

第一，要加强网络道德和心理素质教育，增强高校学生的自控能力。应定期举办网络知识和网络讲座，对上网同学从思想上进行正反两个方面的教育，树立学生的责任意识，以增强他们的是非敏感能力和鉴别能力。

第二，要加强网络管理，严格入网要求。一方面，要提高校园网主页质量；另一方面，要加强与校外网吧的联系，帮助学生走上健康之路。

第三，要引导学生开展一些丰富多彩、健康向上的活动，多举办一些与学生利益相关的计算机知识竞赛和问答。

第四，要培养团队精神，增加人际交往，实现师生之间、学生之间、学生与学校之间的网上交流，拓宽学生思想教育工作的渠道。学生管理工作者应掌握网络信息技术，学习网上教育方法，及时收集、分析、监控网络信息，发现学生关注的热点、难点问题，尤其是带倾向性、群体性的问题，应及时采取有效措施，有针对性地做好工作。

（二）学生管理工作进社团

校园文化是以学生为主体，以课外活动为主要手段，以校园精神为主要特征的群体文化。生机蓬勃、稳定和谐、健康向上的校园文化氛围，可以使高校学生在参与中陶冶情操、规范行为、开启智慧，产生一种归属感和安全感，有利于增强学生客观认识自我、完善自我以及自我判断、自我发展的能力。在素质教育发展下，高校社团如雨后春笋般兴起，形成了一股"创立社团热"，社团文化建设已成为校园文化建设的一个核心内容。应该说，无论是早期的文学社、艺术团、学术沙龙，还是近期的公关协会、科技开发中心等，都是青年学生在不同层次需求的驱动下，展示才华、锻炼能力、加强联系、获得沟通的好场所，其中不少社团也是教育者理解学生，调适教育行为，提高教育效果的好渠道。高校学生管理工作者应该充分利用社团，开展社团的思想指导和管理工作如下。

第一，要提高校园社团文化的活动层次。加强校园社团文化建设就是要努力提高社团文化建设的层次，使它接近或略为超过高校学生的理解能力和欣赏水平，从而更适合高校学生的口味。

第二，要加强学生社团的规范与管理。学生社团是学生自我管理，自我教育的重要形式。学校要加强对社团组织的管理，使社团在开展活动时注意遵循以下原则：一是学生社团必须服从学校的领导和管理，学生社团应在法律、宪法和校纪校规范围内活动，不得从事与社团宗旨违背的活动；二是学生社团邀请校外人员到学校进行社会政治和学术活动，必须经学校同意；三是学生社团面向校内的刊物，必须经学校批准，并接受学校管理。

第三，要注意坚持开展校园社团文化活动的长期性与实效性。有些地方开展校园文化活动存在着节日时活动较多，平时则活动较少的现象，需要注重学生从活动中获益，这样的活动与教育目标才是相合的。

（三）学生管理工作进公寓

随着高校后勤服务社会化步伐的加快，学生公寓的环境氛围、文化设施、管理服务的质量以及公寓的管理模式都对传统的高校学生管理工作提出了新的挑战，也给高校的稳定工作带来了新的问题。因此，学生管理工作进公寓是高校教育改革与发展的时代要求，是高校学生管理工作者的战略抉择。

学生管理工作进公寓是一项全新的工作，也是一项艰巨的工作，我们要根据当前学生公寓管理特点，建立学生管理工作新的组织形式、工作机制。如辅导员进驻学生公寓，与学生同吃、同住、同生活；使学生党团组织建到公寓，充分发挥党团组织引导人、团结人、凝聚人的作用；建立学生公寓的自我管理组织，努力把学生公寓建成学生自我教育、自我管理、自我服务的场所；积极组织开展公寓文化建设活动，为学生管理工作创造良好的环境条件和氛围等。

学生管理工作进公寓，要特别重视加强对高校学生集群行为的控制与引导。一方面，要教育引导高校学生全面、客观、辩证地思考问题；另一方面，要建立正常的信息反馈和对话机制，针对问题，因势利导，及时进行情绪疏通，从而加强对高校学生集群行为的控制与引导。

21 世纪需要的是综合素质高且具有创新精神和实践能力的高级人才。要实现代教育理念下的高校教育教学管理这一目标，新形势下高校学生管理工作必须变被动为主动，确立以人为中心的管理思想，把学生看成既是管理对象，同时又是管理的主体，在管理中充分发扬民主，调动学生的积极性，加强自我管理。同时，我们还需要不断加强学生管理工作队伍建设，探索新的管理模式，运用现代化的教育管理手段，使高校学生管理工作进一步科学化、制度化、规范化。只要不断学习和积极探索，高校学生管理工作一定能适应新形势的要求，为人才的培养作出更大的贡献。

第三节　高校考试管理创新

　　课程考试是高校教育教学过程中的一个重要环节,是评价教学得失和教学工作信息反馈的一种手段,也是稳定教学秩序、保证教学质量的重要途径之一。因此,如何搞好高校课程考试管理,使之科学化、规范化、合理化,是高校教学管理工作的一项重要内容。将高校课程考试管理视为一个整体,运用系统论的方法对其存在的主要问题进行分析和研究,并提出高校课程考试管理改革的原则性建议与措施,形成如下主要观点:高校课程考试管理是以高校课程考试为对象,以提高考试活动效率,检测教师课堂教学质量,发现教学中存在的问题,充分评估学生的学习效果和学习创造能力为目的的管理活动。严密科学的考试管理可维护考试权威,实现课程考试的功能,树立踏实进取的考风。考试管理系统是由观念、计划、目标、机构、人员、技术等多种因素组成的综合性动态系统。

　　要实现高校课程考试管理科学化、规范化、合理化,关键在于推进考试观念的深层次转变;建立考试中心,完善考试管理规章制度;培养和建设高素质的考试管理队伍;实施科学的教考分离;考试方式多样化;重视平时考试;实行全程管理。

一、高校课程考试管理的构建

(一)高校课程考试应遵循的基本原则

　　课程考试是教学过程中十分重要的环节,它不仅要完成对学生在经历一个教学过程后学习情况的评价任务,而且还要检查教师的教学效果与水平,诊断教学中存在的问题,反馈在教与学过程中的各种信息,进而发挥促进教学改革的作用。它所特有的检查测评、导向、激励、鉴定和系统整合五大功能是其他教学环节所不能替代的。高校课程考试必须适应社会发展的需要，必须适应被考者的身心发展水平，必须有利于促进和客观评价学生综合运用所学知识解决实际问题的能力，必须有利于提高教师教学水平，以保证不断提高人才培养的质量。考试原则是从事考试活动、处理各种考试问题、规范考试行为所必须遵循的基本原则。

课程考试管理是一项基本的教学管理，是保证考试的公正性与客观性，正确发挥考试功效，促进教学工作的关键环节之一。考试管理质量直接关系到教风、学风的建设和教学质量的提高，是衡量学校办学水平、管理水平的主要标志。加强高校课程考试管理应遵循以下原则。

1.方向性原则

考试管理是管理者根据既定考试目标要求，运用适当的程序、方法、手段及行为规范，合理调配人、财、物、信息等资源，对考试活动实行有效控制，以实现共同目标的一种社会活动过程。考试管理既因一定管理目标的需求而启动，又以实现预定目标为归宿，其管理过程的产生与形成均以一定的管理目标为先决条件，而目标本身总要体现为一定的方向，目标的正确与否要以所引导的方向是否正确作为衡量的标准。因此，科学的考试管理必须坚持方向性原则。

2.科学性原则

科学性原则是指运用现代管理理论、教育测量与评价理论、教育管理理论、心理学理论等作为充分的科学依据，使考试管理活动具有可靠性、可信度，并采用科学的考试管理方法、成熟的管理经验，使考试管理活动行之有效，以利于实现预期的管理目标。

3.公正原则

考试管理公正与否，关系到考试的权威性，反映的是校风考风的建设程度，而且考试直接关系到被试者的切身利益，直接影响被试者的心理，影响着个体对社会的态度。因此，我们要积极地创造条件使考试尽量接近公正。

4.系统原则

系统是指由相互联系、相互作用的若干组成部分构成的有机整体,这个整体具有其各个组成部分所没有的新性质和功能,并和一定的环境发生交互作用。考试管理是一项系统工程,它包括教学管理工作、思想政治工作、后勤保障工作等方面,涉及教学系部、学生处、党团组织、总务、保卫等部门,教学管理部门要妥善安排,使考试工作井然有序地进行。

(二)高校课程考试管理运行条件的探讨

考试管理,其目的在于维护考试的标准规范,维持考试实际运作与计划方案相一致,使考试沿着预先设定的轨道运行。保证考试结果的真实性,并从中分析成功与失败的原因,探明修正的途径,通过反馈给新的考试运行提供理论及实践的依据。将考试目的从观念形态转化为现实形态,高校课程考试管理的正常运转应具备以下条件。

1.健全的考试组织机构

若无健全的考试组织机构,自然也就谈不上深入开展考试实践中相关问题的研究,要不断更新、完善考试的理论,用以指导新的考试实践,进而强化考试主动适应社会发展需求的能力,使之正确发挥其功能。考试组织是考试队伍的依附体,考试组织不健全,就不可能形成稳定的专业考试队伍,整个考试的设计、实施与管理必然是临时拼凑,量尺标准、实施规范、结果真实的施考目标就难以企及。

2.素质优良的考试管理队伍

一切先进的控制技术设备、各类考试行为规范、各项工作标准都有赖于高素质的控制者通过对人的有效控制才能充分发挥其作用,进而给考试运行以积极的影响。培养和造就一支高素质的考试管理队伍是保证考试质量、提高考试效率和效益的需要。参照考试管理系统的运行环节,考试管理队伍可以划分为考试行政队伍、考试业务队伍、考试科研队伍三类。

考试行政队伍是考试队伍中常规性的人员配置组合，它包括学校、职能部门和教学单位的领导者和一般行政工作人员。

如果说考试行政队伍的建设是源自加强考试活动外部组织管理的要求，那么考试业务队伍的建设则是出自考试流程内部运行的要求。考试活动是一个动态的运行过程，其流程要经过命题、施测、评卷等依次相连的环节，各个环节都事关考试的质量。考试科研队伍是伴随着现代考试改革和发展的深入而显示重要性的一支必不可少的考试队伍，其职责是结合高校教育教学实际、重点研究课程考试的理论与实践问题，从而为学校的考试活动提供理论指导。高校课程考试时间的非经常性决定了考试管理队伍的非专职性。也就是说，他们基本上都是兼职考试管理人员。应该特别指出的是，为了保证课程考试质量的不断提高，非专职性的考官队伍应该具有专业性的水平。

3.健全的考试规范、严密的考试程序和科学的考试控制标准

实行考试控制的依据和准则是引导考试运行方向、防止考试运行偏离预定轨道的保障措施。同时，它也是维护考试权威性、公正性的必要条件。所谓考试规范，亦即考试运行的规程和参与考试活动各类人员的行为准则，它是控制考试运行的直接依据，一般包括考务规程、命题细则、监考守则、考场规则、评卷实施细则、考试信息管理规定、保密规定、违纪处罚规定等。严密的考试程序是指考试命题、实施到评价分析反馈、考场编排、各类工作人员配置等各个环节都要严格要求，注重考试的整个过程。科学的考试控制标准包含时间标准，如命题制卷、考场设置、实施测试、阅卷评分、考试结果分析处理等的起止时限要求；数量标准，如考点设置、考场编排、试卷长度和满分值、试卷印制与分装、施测环节各类工作人员配备、阅卷人员及所需设备配置的数量规定等；质量标准，如考号及考场编排的科学性，考点、考场设置的规范性，各类人员配置的合理性，施测控制的严密性，试题编审和试卷印制的合格率，试卷分装的标准性，评分、计分、登分、核分的准确率或差错率以及考试成绩的可靠性、有效性和公正性。

4.良好的信息传输与反馈机制

倘若没有确切的信息反馈,科学的统计方法和先进的技术手段就谈不上对考试流程进行富有实效的控制。从整个考试的过程来看,考试质量分析是信息反馈的主要途径,应该根据考试结果为学生提供反馈,以检查教学目标的实现情况,检查教学措施的实施效果,发现教与学两方面存在的问题,从而改进教学工作。

就教师自身而言,在试题反馈分析的过程中,能够及时收集来自学生的真实信息是一笔难得的宝贵财富,是一次向学生学习和自身学习的过程。通过试题反馈分析,教师不仅了解了学生的学习需求与希望,看到了命题中需要改进的问题,并能从这一教学情景中获得许多启示和感悟。通过与学生交流,促进教学反思,在反思中学习,在反思中丰富教学经验,从而提高教学能力。

从教学管理的角度而言,组织试题反馈分析的过程就是检查、反思、总结、促进教学相长的过程,它为今后命题、考试、评价等方面教学管理工作积累了宝贵的经验,同时也为教学双方提供了一个平等、真诚的教学交流和情感互动的平台,对师生双方都起到了积极的促进作用。通过考试的质量分析,能够使考试决策层及时客观地了解考试的情况,从而对考试活动中出现的种种偏差进行分析,以探明考试造成偏差的原因,并进行调节和控制。良好的信息传输与反馈是保证考试决策正确的重要依据,也是促使考试走向科学化的必要措施。

二、高校课程考试管理改革的对策

高校课程考试管理是一个由多因素组成的相互制约、相互促进的封闭动态系统。因此,改革高校课程考试管理应该坚持系统论的观点和方法。

（一）推进考试观念的深层次转变

思想观念是行动的先导，"欲革新，先革心"。转变高校领导、教师、管理人员乃至学生关于课程考试的观念，是推进高校课程考试改革的前提和基础。这里要强调指出的是，高校领导、教师和教管人员要在思想上真正承认考试是一门科学，要真正弄清、弄懂这门科学，因为唯有了解、掌握了考试的理论、运行规律、方法与技术，才有可能在课程考试中正确、有效地运用这门科学。必须正确认识考试管理是一项关系考试成败、人才培养质量的系统工程。考试活动是一门科学，考试管理活动是考试活动的重要组成部分。因此，考试管理理所当然也是一门科学，考试管理不仅是一门科学，也是一项系统工程。对于高校领导、教师和教管人员来说，一是要真正认识考试管理是一门科学，是一项关系考试成败、人才培养质量的系统工程；二是要学习、掌握这门科学，了解、熟悉这一系统工程的特点、运行规律和控制理论与方法等。唯有如此，才能够确保课程考试组织实施的科学有效性。

（二）建立考试中心，完善考试管理规章制度

考试管理要系统化、规范化，必须建立健全考试管理机构。考试是一项系统工程，为保证考试的顺利进行，提高考务人员的业务水平和考试管理质量，高校应该成立考试中心，统一管理高校课程考试。作为高校考试的综合管理机构，考试中心的职责与任务包括以下几点。

1.统一规划、组织和实施高校的课程考试

传统课程考试的模式是高校制定统一的要求，各教学单位自行命题、制卷、施测、评卷、登分，有的高校有总结评估的环节，有的高校没有。课程考试事关人才培养质量，又是一项科学性、技术性很强的系统工程，应该由学校即考试中心统一规划、组织和实施。

2.建立、完善课程考试管理规章制度并坚持严格地实施

课程考试的主要目的和功能是育人,有利于人才的培养和成长。为了实现这种功能,达到这种目的,课程考试及管理就必须科学严密。课程考试又是一项科学性、技术性很强的系统工程,故对其管理必须有一整套科学、合理、严密的规章制度,并在课程考试中坚持严格地实施。

3.针对学校课程考试的实际和需要,开展课程考试的评估与研究

对实施的课程考试组织分析、评估和根据需要开展针对性研究一直是高校不够重视的环节,而这又是一项提高课程考试质量,进而有利于促进人才培养质量提高的重要工作。所以,这将是考试中心的一项重要任务。

4.承担考试管理方面的人员培训

课程考试的监考人员一般是临时和兼职的,对其进行培训是必需的,如组织他们学习《监考须知》《学生考试行为规范》以及《考试违规处罚条例》中的各项条例等,要求他们以高度的责任心和严肃认真的态度对待每一场考试。

(三)培养和建设高素质的考试管理队伍

精干的考试管理队伍,是有效发挥考试管理功能的根本条件之一。严明的法纪可以使考试管理从制度上得到保障,健全的机构可以从组织方面保证考试管理功能的正常发挥。课程考试属校内考试,与社会考试相比,其规模较小,只是学校工作中的一项,且时间上是间断的。然而,这一切并不意味着课程考试管理就不需要高素质的管理队伍。所以,高校应重视课程考试管理队伍的建设。考试管理队伍包括:①科研队伍。考试实践证明,没有科学的考试理论做指导,就不会有成功的考试实践,尤其是现代的考试管理,更需要科学的管理理论、方法、技术和手段。只有在考试管理实践的过程中,有重点、有针对性地开展考试及考试管理方面理论、技术、方法等的研究,才能使考试工作决策符合科学化的要求,从而发挥考试应有的功能,促进学校发展。②行政队伍。考试行政队伍直接关系到考试管理机构各项职能活动的顺利进行和考试管理目的的有效实

现，对提高考试管理工作质量具有重要的意义。③业务队伍。考试业务队伍是应考试流程的运转出现的，随着各自环节职能的实现，相应的业务队伍也就暂时失去了存在的需要。它包括命题队伍、实测队伍、评卷队伍及评价、监督队伍。

兼职性、非常设性和专业性应该是高校课程考试管理队伍的基本特征，也应该是高校抓这支队伍建设过程中应遵循的基本原则。所谓兼职性和非常设性是指课程考试管理队伍的组成人员不可能是专职的（学校考试中心的人员例外），这一部分人员只占整个队伍的很小的比例，他们平时可能在校机关、教学单位或学校的其他单位工作，只是在学校组织课程考试时才成为考试管理人员。所谓专业性是指这支队伍的成员应该具有专业化的水平，即他们中的绝大多数人虽然不是以考试管理为职业的，但他们都应该了解和熟悉自己在考试管理中，所从事的那一项工作所必需了解和熟悉的理论、技术等专门知识技能，并具有搞好这项工作的较强的能力。没有职责就无所谓管理，高校对这支特殊队伍的管理也应同其他队伍的管理一样，分工明确，职责明确，考核明确，奖惩明确。

（四）实施科学的教考分离

教考分离制度是一种现代教学管理手段。所谓"教考分离"是指将教学与考试分离进行，即将过去某一课程由任课教师自己命题、自己评分的做法改为从规范、标准的试题库中筛选、组合出符合要求的试卷，或由教学管理部门组织教学经验较为丰富的非任课教师依纲命题，并统一组织考试，统一评阅试卷。实行教考分离的目的是提高考试的质量和水平，为学生成绩的评定、教师的教学评价以及教学管理决策提供科学的依据，它有利于促使教师授课全面系统地贯彻教学大纲的各项要求，促进学生端正学习态度和建设良好学风，这样既能促进教师的教，又能促进学生的学。充分体现了教师的主导作用和学生的主体作用相结合的教学原则，充分调动了师生的积极性。推行高校的教考分离需从以下四点入手。

1.加强宣传，统一思想

推行教考分离的首要任务是加强对教考分离制度作用和意义的宣传，从学校上层、中层到教师，层层推进，调动各方面的积极因素，使认识统一到培养合格人才上来，以有利于逐步实施教考分离制度。

2.科学合理地安排实行教考分离的课程

从教学总体效益上讲并非每门课程实行教考分离都有利，如文科类的一些课程，本身要求学生涉猎广泛，如果把试题局限于课堂内的几本书，显然不利于培养学生的能力；又如理科的一些专业性很强、难度很大的后续课程，学校常常只有一两个老师熟悉课程内容，推行教考分离也不太切合实际。因此，学校应该在充分调查研究的基础上，科学合理地安排实施教考分离的课程。

3.积极修订教学大纲，为课程实施教考分离创造前提条件

教考分离制度将教与考分为两条线，没有课程大纲则无法组织有效的教学，更无法组织有效的考试。因此，高校应积极组织力量修订、制定课程大纲，为课程实施教考分离创造前提条件。

4.建立高质量的题库，使教考分离更科学化

实行教考分离的重要途径是建立科学的题库，科学的题库可以提供各种规格、各种层次及科目的试题。采用试卷库的试卷可以克服教师命题随意性等相关问题，学校内部考试通过这方面的改进可提高校内考试的质量与权威性。建设科学的题库、卷库并非一蹴而就，它既是一项阶段性的、多方人员合力攻坚的综合技术工程，也是一项长期的、由专业技术人员不断充实、革新、完善的系统工程。在高校中因学科、专业的多样性，试题要注意学科性、专业性以及适应学生能力、教学水平变化的需要。

（五）考试方式多样化

学校应鼓励教师根据本门课程的性质选择灵活多样的考试方式，突出课程的考核重点。在国外，高校考试的方式在二十种以上，如无人监考考试、论文、开卷考试、阶段

测试、试验和实地考察、答辩、专题讨论、口头演示、同学评价、图片演示、设计、制图或模型、个人研究项目、小组研究项目、自评、以计算机为基础的评价、资料分析、书评、图书馆运用评估项目、课堂表现、作文、实习和社会实践笔记或日记、口试以及闭卷考试等。国外考试的显著特点之一就是每一种形式都有与之相配套的设施和措施为后盾，以保证整个考试的有效性。

高校基本的考试形式可采用以下七种：①闭卷考试。指考试中不允许携带和查看任何资料的一种用笔答卷的考试方式。②开卷考试。指考试中允许携带和查看资料的一种用笔答卷的考试方式。该方法根据允许携带和查看资料的限制情况，可分为全开卷考试和有限开卷考试或一页纸开卷考试。全开卷考试指考试中允许携带和查看任何资料；有限开卷考试或一页纸开卷考试是指在考试中，允许携带和查看规定资料或写有学生自己总结和归纳课程内容的一页纸。③口试。指应试者通过口头语言来回答问题的一种考核方法（答辩考核），它是面试中常用的一种。④成果考试（如设计、论文、报告、制品等）。指应试者就某个具体问题或任务、项目通过查阅资料、计算、绘图和制作等环节，用规范的方式作出书面表达或形成实物作品的一种考核方法。⑤操作考试。指通过应试者现场操作或具体的工作实践，直接检测应试者所具备的从事某种工作的现有素质、技能与能力的一种方法，包括实务作业、样本操作和模拟操作等测试方式。⑥计算机及网上考试。指直接在计算机上答卷的一种考试方式。⑦观察考核。指通过对学生一定时期的观察，对其作出评价的一种考核方法。

每种考试方式各有其特点，单凭一种考试方式不可能全面反映学生综合运用知识的能力，应采用其中几种方式相互组合以取长补短，这样既可以考查学生掌握知识的程度，又可以检验学生运用所学知识解决实际问题的能力，使考核结果更全面。还可以通过奖励措施鼓励并引导学生从多方面、多角度，用多种方法来解决同一问题，以培养和发展学生的创造思维能力。选择最佳的考试方式是提高考试效度的重要途径，适当灵活的考核方式能够进一步提高学生的学习主动性和自觉性，从而进一步巩固和深化所学课程的知识，举一反三、触类旁通，这样既能帮助学生培养良好的学习习惯，又能锻炼他们各方面的能力，从而达到育人的目的。改革考试形式并不是简单的问题，它需要各方面的配套改革措施，需要有规范的教学政策和条件来支持，尤其要求改革传统的教学管理体制。考试形式与教学思想、教学内容、教学方法、课程安排和师资队伍建设等都密切相关。所以，考试方式的改革不仅需要鼓励广大教师改革考试的内容，还需要各方面的配合与合作才可能取得成功。

（六）网络化考试——知识和信息时代高校考试的改革方向

21 世纪是知识和信息爆炸的时代，高校课程考试方式和内容应与时俱进，顺应知识和信息快速发展的局势，充分运用信息时代网络信息平台提供的方便，使考试管理既严肃、科学，又灵活、多样和开放。要以激发学生的学习和探索知识的兴趣为前提，使学生处在相对轻松的课程学习过程中，为掌握更多的知识和提高分析解决问题的能力而学习，以提高教学质量。

1.实施网络化考试，顺应知识和信息快速发展的局势，提高考试质量

从考试方式上，提出打破传统的以闭卷考试为主的方式，应根据不同专业、不同课程的性质或特点，灵活运用闭卷、开卷、笔试、口试、答辩、论文、操作等多种考试形式和方法，并增加考试机会。从考试内容上，提出拓宽考题所涉及的内容，增加考核学生分析和综合运用能力的题型。在命题时，要严格考试命题，坚持教考分离，严格命题环节，加强试题库建设。在评价中，可以通过学生自评、学生互评、小组评价、教师评价等多种形式进行。通过这些丰富多样的考核形式，能促进学生开放性个性和创新意识精神的形成。

2.网络考试的概念

网络考试是指通过局域网或者互联网，并利用计算机进行考试的行为，网络考试和在线考试以及网上考试的概念都是一致的。网络化考试将传统考试的各种工作流程通过计算机实现信息化和电子化的管理，使各种考试可以在网络平台上实现，它包括组卷系统、考试系统、阅卷系统、成绩查询分析系统、试卷制作管理系统。该种考试形式在

实现无纸化考试的同时,也强化规范了教学评估的手段,适应多媒体教学的层次和水平,同时也提供了科学准确的教学研究数据,具有传统考试形式不具有的优势。

3.高校全面实施网络化考试的条件已经具备

目前,高校已有完善的网络系统,包括信息联网共享系统和大型计算机房以及许多学生都有自己的个人电脑,高校实施网络考试的硬件已经具备。同时,高校具有一批高水平的计算机专业知识的教师和相关技术人员;所有高校学生在入学第一学期都有计算机基础应用的课程,这为进一步提高学生的计算机理论和应用打下了基础;许多成熟的网络考试平台或软件已应用于不同行业的考试中;许多高校都有计算机和信息技术相关专业等,这些都是高校实施网络考试的软件。通过合理的调配和运用这些硬件和软件,高校已具有了全面实行网络化考试的条件。

4.网络化考试的优点

网络化考试是一种新的高校考试管理模式,它具有以下优点。第一,网络考试要求具有高质量的科学性、全面性、难易程度合理、能测试学生综合学习水平和能力等方面的题库。在我国高校,无论从规模、数量和质量以及师资水平各方面,已具备各专业和学科标准化和高质量的题库建设的要求。要通过由不同高校相同专业推选优秀的专业教师组成考题题库的命题机构,搜集、整理历年题库和命题,并在此基础上根据不同课程的发展现状,建立不同专业课程的高质量的试题库。由于命题机构是由同一学科优秀的专业教师组成的,试题的科学性、全面性、难易程度和测试学生综合学习水平和能力等方面会得到最大限度的提升,并且会不断通过不同学校学生考试效果的检验和随着学科的发展而不断改进和更新。

第二,网络化考试有利于培养和考核学生分析解决问题的能力。由于试题的科学性、全面性、难易程度和测试学生综合学习水平和能力等方面的优化,能够考核学生的学习效果和分析解决问题的能力,这也同时要求和促使教师不断地自我学习,改革和改进教学方法、教学内容和教学水平,促使学生不断改进学习方法和学习态度,以提高其综合学习能力。

第三，由于有了高质量的题库和网络考试，同一门课程不同时间进行多次考试很容易实现，使学生处在一个相对宽松的探索知识和提高分析和解决问题能力的学习环境当中。

第四，实施网络化考试提高了考试成绩的区分度、效度和信度。统一的高质量的试题和科学的评价标准以及试题的科学性、全面性、难易程度和测试学生综合学习水平和能力等方面的提升，使考试成绩的区分度、效度和信度具有科学性。

第五，实施网络化考试能够节约人力资源。实施网络化考试能够节约教师的命题和阅卷时间，可以使教师把更多的精力和时间用于教学和科研上，以不断提高教学水平和教学质量。

第六，实施网络化考试有利于学生更好地运用网络信息探索和学习科学知识，从而培养学生良好的上网习惯。实施网络化考试除了具备科学性、全面性、难易程度合理、能测试学生综合学习水平和能力等方面的题库外，与之相适应的相关学科的网络学习和复习资料也能为学生的学习辅导提供方便。学生在进行长期网络课程资料的查询和学习中，会逐渐把网络作为探索学习的主要工具。

第七，实施网络化考试具有巨大的经济和社会效益，对构建节约型的可持续发展的社会具有积极的作用。如能够节约大量的纸张和油墨等消耗性和污染性的资源，从而对减少土地和植被的消耗以及减少环境污染起到积极的作用。

第八，高校实施网络化考试对推动网络考试的全社会普及有着重要的示范作用。作为科学技术创新发展主要源泉的高等学校，对推动科学技术转换为生产力起着巨大的示范作用。

正是由于网络化考试明显优于传统考试形式的诸多优点，实施网络化考试成了高校考试改革的一个重点方向。

参考文献

[1] 范明，戈国元，孟庆峰.高等教育管理方式改革的系统分析[J].江苏高教，2013(04)：
47-49.

[2] 陈宇航，程瑞.我国高等教育管理方式转变问题研究[J].现代教育管理，2015(11)：
19-22.

[3] 唐宏.高等教育管理方式转型的知识解读[J].知识文库，2016(12)：1.

[4] 刘炜坤.高等教育管理方式的创新及其实施策略[J].高教学刊，2016(13)：150-151.

[5] 杨华.成人高等教育教学模式创新研究[J].文学教育（上），2012(04)：124-125.

[6] 赵忠双，孙宁.以教学管理为抓手，提高成人高等教育教学质量[J].陕西广播电视大
学学报，2010(02)：63-65.

[7] 桑新民，谢阳斌.在学习方式的变革中提高大学教学质量和办学水平——高等教育
信息化的攻坚战[J].高等教育研究，2012，33(05)：64-69+89.

[8] 梁林梅，刘永贵，桑新民.高等教育信息化发展与研究论纲[J].现代教育技术，2012，
22(01)：5-9.

[9] 刘晓梅.新时期民办高校信息化建设发展策略分析[J].电子测试，2013(11)：144-145.

[10] 李凯.民办高等院校教育教学信息化中存在的问题及对策[J].科教导刊（中旬刊），
2014(02)：126+143.

[11] 班华.现代德育论[M].合肥：安徽人民出版社，2003.

[12] 张茂红，莫逊，李颖华.高校教育管理与教学研究[M].北京：台海出版社，2022.

[13] 吕村.高校教育管理与教学研究[M].长春：吉林文史出版社，2021.

[14] 刘思延.高校教育教学管理实践与创新发展[M].哈尔滨：哈尔滨出版社，2021.

[15] 刘德建.智能技术促进高校教育教学创新研究[M].北京：科学出版社，2022.

[16] 王炳坤.高校大学生管理教育与校园文化建设[M].长春：吉林出版集团股份有限公司，2021.

[17] 梁丽肖.教育信息化背景下高校管理机制探究[M].长春：吉林人民出版社，2021.

[18] 卢保娣.大数据时代高校教育管理及其信息化建设[M].长春：吉林大学出版社，2021.

[19] 王慧.现代教育理念下的高校教育教学管理研究[M].北京：化学工业出版社，2021.

[20] 宋丽萍.新媒体环境下高校学生教育管理工作创新研究[M].长春：吉林大学出版社，2020.